"十四五"职业教育国家规划教材

新时代劳动教育教程
第 2 版

主 编 侯守军 张道平

副主编 王 哲 王 洋

参 编 任 训 樊 华 顿文军 向春微

机械工业出版社

加强职业院校学生的劳动教育，使学生树立正确的劳动价值观，是德智体美劳全面发展的主要内容之一，也是新时代劳动教育的一个重要目标。《新时代劳动教育教程》是为响应党中央提出的新时代劳动教育的新要求，结合目前职业院校劳动课程开设的实际情况，以及学生劳动教育现状而编写的。全书共分为五个模块，包括劳动教育、劳动精神、劳模精神、工匠精神和劳动保护。

本书可在职业院校开设的劳动教育课程中使用，也可作为班主任开展班级教育的辅助教材，还可供学生自学和阅读使用。

图书在版编目（CIP）数据

新时代劳动教育教程 / 侯守军，张道平主编. 2版. -- 北京：机械工业出版社，2025.3. -- （"十四五"职业教育国家规划教材）. -- ISBN 978-7-111-78436-4

Ⅰ. G40-015

中国国家版本馆CIP数据核字第2025SK5662号

机械工业出版社（北京市百万庄大街22号　邮政编码100037）
策划编辑：刘益汛　　　　责任编辑：刘益汛　单元花
责任校对：张爱妮　陈　越　封面设计：马精明
责任印制：邓　博
北京中科印刷有限公司印刷
2025年7月第2版第1次印刷
210mm×285mm・8印张・161千字
标准书号：ISBN 978-7-111-78436-4
定价：39.00元

电话服务　　　　　　　　网络服务
客服电话：010-88361066　机 工 官 网：www.cmpbook.com
　　　　　010-88379833　机 工 官 博：weibo.com/cmp1952
　　　　　010-68326294　金　书　网：www.golden-book.com
封底无防伪标均为盗版　机工教育服务网：www.cmpedu.com

关于"十四五"职业教育
国家规划教材的出版说明

为贯彻落实《中共中央关于认真学习宣传贯彻党的二十大精神的决定》《习近平新时代中国特色社会主义思想进课程教材指南》《职业院校教材管理办法》等文件精神，机械工业出版社与教材编写团队一道，认真执行思政内容进教材、进课堂、进头脑的要求，尊重教育规律，遵循学科特点，对教材内容进行了更新，着力落实以下要求：

1. 提升教材铸魂育人功能，培育、践行社会主义核心价值观，教育引导学生树立共产主义远大理想和中国特色社会主义共同理想，坚定"四个自信"，厚植爱国主义情怀，把爱国情、强国志、报国行自觉融入建设社会主义现代化强国、实现中华民族伟大复兴的奋斗之中。同时，弘扬中华优秀传统文化，深入开展宪法法治教育。

2. 注重科学思维方法训练和科学伦理教育，培养学生探索未知、追求真理、勇攀科学高峰的责任感和使命感；强化学生工程伦理教育，培养学生精益求精的大国工匠精神，激发学生科技报国的家国情怀和使命担当。加快构建中国特色哲学社会科学学科体系、学术体系、话语体系。帮助学生了解相关专业和行业领域的国家战略、法律法规和相关政策，引导学生深入社会实践、关注现实问题，培育学生经世济民、诚信服务、德法兼修的职业素养。

3. 教育引导学生深刻理解并自觉实践各行业的职业精神、职业规范，增强职业责任感，培养遵纪守法、爱岗敬业、无私奉献、诚实守信、公道办事、开拓创新的职业品格和行为习惯。

在此基础上，及时更新教材知识内容，体现产业发展的新技术、新工艺、新规范和新标准。加强教材数字化建设，丰富配套资源，形成可听、可视、可练、可互动的融媒体教材。

教材建设需要各方的共同努力，也欢迎相关教材使用院校的师生及时反馈意见和建议，我们将认真组织力量进行研究，在后续重印及再版时吸纳改进，不断推动高质量教材出版。

机械工业出版社

前　言

2020年3月，中共中央、国务院下发《关于全面加强新时代大中小学劳动教育的意见》，提出要构建德智体美劳全面发展的教育体系，并明确学校劳动教育的重要意义和实施途径。该意见强调要以习近平新时代中国特色社会主义思想为指导，全面贯彻党的教育方针，落实全国教育大会精神，坚持立德树人，坚持培育和践行社会主义核心价值观，把劳动教育纳入人才培养全过程，贯通大中小学各学段，贯穿家庭、学校、社会各方面，与德育、智育、体育、美育相融合，紧密结合经济社会发展变化和学生生活实际，积极探索具有中国特色的劳动教育模式，创新体制机制，注重教育实效，实现知行合一，促进学生形成正确的世界观、人生观、价值观。

劳动教育是我国素质教育的一个重要方面，对培养学生的劳动观念、磨炼意志品质、树立艰苦创业的精神，以及促进学生多方面的发展具有重要的作用。职业院校拥有开展劳动教育最为丰富的实践操作资源与师资教学优势，无论从人才培养方案、劳动课程设置、教学组织方式、校园文化建设等育人形式上看，还是从校企合作、产教融合对劳动理论与实践资源的整合来讲，职业院校通过劳动实践培育学生的劳动精神、提高学生的技术技能，能较为全面地发挥新时代劳动教育在树德、增智、强体、育美等方面的综合育人作用。

在编写过程中，本书始终坚持"劳动光荣、劳动伟大"的育人理念，较好地阐述了新时代劳动教育的内涵和特点。全书共分为劳动教育、劳动精神、劳模精神、工匠精神和劳动保护五个模块。在编写过程中，每个模块以图文并茂的形式穿插了案例故事、人物事迹和劳动技能。在每个模块的最后，结合职业院校劳动教育的实际情况，列出了大量的"活动拓展"形式和建议，以提升劳动教育的有效性，解决职业院校"有劳动无教育"的问题，具有较强的实用性和指导性。本书基础学时为16学时，活动拓展部分可根据教学实际情况适当增加学时。

本书由侯守军、张道平担任主编，王哲、王洋任副主编，任训、樊华、顿文军、向春微参与编写。本书在编写过程中得到了荆门职业学院、湖北信息工程学校、河南开放大学、青岛第三十九中学（中国海洋大学附属中学），以及其他兄弟院校的大力支持和帮助，在此一并表示感谢。

由于编者水平有限，书中难免存在不足之处，恳请广大读者批评指正。

编　者

二维码索引

序号	名称	二维码	页码	序号	名称	二维码	页码
1	劳动技能 扫地的技巧		005	5	劳动保护 工厂劳动安全知识		085
2	劳动技能 垃圾分类的技巧		010	6	劳动保护 劳动仲裁的流程		111
3	劳动技能 给室内环境消毒		039	7	劳动保护 职业病尘肺的防治		113
4	劳动知识 劳模演变之路		057				

目 录

前言
二维码索引

模块一　劳动教育 ·· 001
　　第一节　劳动教育概述 ·· 002
　　第二节　劳动教育课程内容与评价体系 ································· 013
　　第三节　职业院校劳动教育实践指导 ···································· 017

模块二　劳动精神 ·· 033
　　第一节　劳动精神的内涵 ·· 034
　　第二节　弘扬和践行劳动精神 ·· 041

模块三　劳模精神 ·· 049
　　第一节　劳模精神的内涵 ·· 050
　　第二节　弘扬劳模精神 ··· 058

模块四　工匠精神 ·· 071
　　第一节　工匠精神的内涵 ·· 072
　　第二节　工匠精神的培育与践行 ··· 086

模块五　劳动保护 ·· 099
　　第一节　劳动保护概述 ··· 100
　　第二节　学校劳动安全与实训实习安全 ································· 112

参考文献 ·· 122

模块一
劳动教育

导 语

  劳动教育是中国特色社会主义教育制度的重要内容，在教育体系中具有基础性、先导性、全局性的地位，直接决定社会主义建设者和接班人的劳动精神面貌、劳动价值取向和劳动技能水平。因此，学校要把劳动教育摆在更加突出的位置，建立完善的体现时代特征的劳动教育体系，引导广大青少年树立热爱劳动的意识、养成热爱劳动的习惯。

第一节　劳动教育概述

习近平总书记在全国教育大会上强调，坚持中国特色社会主义教育发展道路，培养德智体美劳全面发展的社会主义建设者和接班人，要在学生中弘扬劳动精神，教育引导学生崇尚劳动、尊重劳动，懂得劳动最光荣、劳动最崇高、劳动最伟大、劳动最美丽的道理，长大后能够辛勤劳动、诚实劳动、创造性劳动，要努力构建德智体美劳全面培养的教育体系。

那么，新时代重申劳动教育的意义何在？新时代劳动教育的内涵是什么？

一、劳动教育的概念

（一）劳动、实践与活动

1. 劳动

劳动是人类实践活动的一种特殊形式，大多是指创造物质财富和精神财富的活动。传统户外劳动形式有收割、养蜂等，如图1-1所示。

a）收割　　　　　　　　　　b）养蜂

图1-1　传统户外劳动形式

2. 实践

实践是指人们能动地改造和探索现实世界一切客观物质的活动。实践具有客观性、能动性和社会历史性等基本特征。实践的主要形式包括改变自然、满足人们物质生活需要的经济活动，处理人与人之间社会关系的社会活动，以及探索世界奥秘的科学活动等。

3. 活动

活动，泛指人或物体的运动，也指人为达到某种目的而采取的行动。

活动可以分为外部活动和内部活动。

人类活动的基本形式包括游戏、学习和劳动。

活动包括物质实践活动和思维或精神活动。实践、劳动都是活动的类型。总而言之，活动、实践、劳动，是前者包含后者的关系。劳动可以视为社会实践活动的一部分，或者社会实践的特殊形式之一。

（二）劳动、实践与活动的教育寓意

劳动、实践与活动在教育语境中，与"劳动教育""社会实践活动""活动课程"等概念有密切联系。

1. 劳动教育

"劳动教育"是以促进学生形成劳动价值观（树立正确的劳动观、积极的劳动态度，热爱劳动和劳动人民等）和养成劳动素养（有一定的劳动知识与技能、形成良好的劳动习惯等）为目的的教育活动，旨在促进学生德智体美劳全面发展。

劳动还与"劳动技术教育""通用技术教育"等概念相关。

"劳动技术教育"强调技术的学习，与职业存在密切的关联；"通用技术教育"则是开展基础技术教育的课程形式，"通用技术"是其教育重点，"劳动"已不是其核心寓意。换言之，劳动教育是面向所有教育对象的普通教育，而"劳动技术教育""通用技术教育"两个概念虽也有劳动的要素，但较多指向具体技术或者通用技术的学习。

2. 社会实践活动

广义的社会实践活动是指人类认识世界、改造世界、利用世界和享受世界的各种活动的总和，即人类从事的各种活动。

狭义的社会实践活动是指学校组织学生走出校门，以了解社会、服务社会为目的的教育活动。了解社会的活动包括实践基地或军训基地的训练（如陶艺、手工、户外拓展等）、企业实习等，服务社会的活动则包括劳动体验、志愿者活动、支教、支农等。对于即将走向社会的学生来说，参与这些活动具有加深对本专业的了解、确认适合的职业、为向职场过渡做准备、增强就业竞争优势等多方面的意义。

社会实践活动是学校德育教育的重要途径之一，一般认为其核心价值在于有益学生的品德教育。

社会实践活动的形式有徒步登山、志愿者服务等，如图 1-2 所示。

a）徒步登山

b）志愿者服务

图 1-2　社会实践活动

3. 活动课程

活动课程也称经验课程。活动课程具有强烈的主体性，其含义与生活的概念较为接近，其范畴十分广泛。活动课程的活动并不专指劳动。

劳动是学生参与社会实践活动的形式之一。劳动、实践两者的重点都指向教育活动要养成的素养目标，具有教育的意义与价值，而活动则是指儿童生活与学习的一种形式，指向教育的形式、结构安排等。

二、学生劳动的主要形式

劳动是自主性、道德性以及创造性的活动，包括自我服务劳动、社会实践活动等。学生作为成长中的人，需要接受劳动教育。

（一）自我服务劳动

自我服务劳动是学生劳动中比较基础的形式。自我服务劳动是学生料理自己的生活的各种劳动，是一种简单的日常劳动，如为自己整理床铺，打扫房间，洗涤、缝补衣袜，洗碗筷，擦桌椅等。我们在学校和家庭中应多做自我服务劳动，自己的事尽量自己干，不依赖他人代劳，养成勤劳俭朴、整洁卫生的习惯，提升自己的生活自理能力。

1. 家务劳动

家务劳动是指家庭成员在日常家庭生活中必须从事的无报酬劳动，如洗衣、做饭、照看孩子、购买日用品、打扫卫生、照顾老人等。在不同的文化和社会中，家务劳动的分工情况有所不同。

孩子经常参加一些力所能及的家务劳动，不仅不会影响孩子的学习，反而会促进孩子的学习。孩子结束了学校的紧张学习，回到家后，帮助父母拖拖地、洗洗碗、洗洗衣服，可以消除学习中的紧张感，减轻疲劳。

父母同孩子一起参加家务劳动是父母同孩子沟通的好机会。在劳动中谈心、聊天，可以拉近孩子和父母的距离，促进亲情的交融，给予孩子学习、生活、精神上新的力量。

家务劳动包括扫地、扔垃圾、拖地等，如图 1-3 所示。

a）扫地　　b）扔垃圾　　c）拖地

图 1-3　家务劳动

2. 班务劳动与校务劳动

班务劳动是指班级平时的劳动事务，如扫地、擦黑板及分发作业等日常性的劳动。校务劳动是指学生参加学校组织的劳动活动，如美化校园、植树、除草等。

班务劳动与校务劳动的开展能够调节学生的学习生活，丰富学生的校园生活，从而为学生的全面发展注入无限的活力。

常见的班务劳动有打扫教室的卫生，如图 1-4 所示。

劳动技能
扫地的技巧

图 1-4　打扫教室的卫生

（二）社会实践活动

社会实践活动主要包括理论宣讲、社会调查、学习参观、生产型劳动、公益劳动（做义工、支教、支农等）、科技发明、勤工俭学、挂职锻炼、预就业实习、科技文化卫生"三下乡"活动、科技文体法律卫生"四进社区"活动等。

中小学在实践基地或军训基地开展的活动，也称"社会实践"，主要包括对陶艺、手工、户外拓展等进行体验和训练。

社会实践活动可分为简单生产劳动、学习型劳动、工艺劳动、公益劳动等类型。

1. 简单生产劳动

简单生产劳动是在一定的社会条件下不需要经过特别的专门训练，每个普通劳动者都能从事的劳动。

在劳动教育实施过程中，教育者可以组织学生定期走入田间地头，参与简单的播种、除草、收割等农业生产劳动；深入工厂车间，感受生产的流程，进行简单的操作，如铸造、切割、打磨等。通过现实的劳动操作，教育者能够让学生了解周围生产环境中的种种劳动过程，并从中挖掘具有教育意义的素材。

通过参与简单生产劳动，运用相应的生产工具，学生掌握了从事简单生产劳动的技巧，同时也开拓了思维。在生产工具的运用过程中，生产劳动不仅能够激发学生的兴趣，开启学生的智慧，还在潜移默化中强化了学生的劳动观念。在学生体验生产劳动的过程中，教育者必须引导学生认识到，在劳动中有一种比获得满足物质需要的产品更重要的东西，即勤俭、奋斗、创新、奉献的劳动精神的形成，自身才能和天资的发挥。

图1-5a所示为简单生产劳动——搬运货物，图1-5b所示为简单生产劳动——除草，图1-5c所示为简单生产劳动——刷墙。

a）搬运货物　　　　　　　　b）除草　　　　　　　　c）刷墙

图1-5　简单生产劳动

2. 学习型劳动

学习型劳动是指通过劳动去学习，劳动是重要的学习手段。其首要目的是掌握知识、技能和技巧。但学习型劳动本身是以感悟、掌握、操作为主要目的的。在实践性、操作性、体验性的学习型劳动中，学生能够获得客观世界的相关知识，积累认识世界的经验。

图1-6a所示为学习型劳动——剥线钳的使用，图1-6b所示为学习型劳动——紧急救治。

但是，此处的学习型劳动，强调的是实际行动。教育者可以指导学生按照操作程序，制作一个物品、发明一个器具，这都是通过劳动去学习的方式。同时，为学生定期布置劳动任务，任务完成后，请学生分享其劳动成果的创造过程，也是一种很好的集体学习方式。教育者可以建立学生的劳动档案，记录每个学生的劳动过程，促进学生快乐成长。学习型劳动不是强调智力性质的学习，而更多是让学生通过实践去感知。

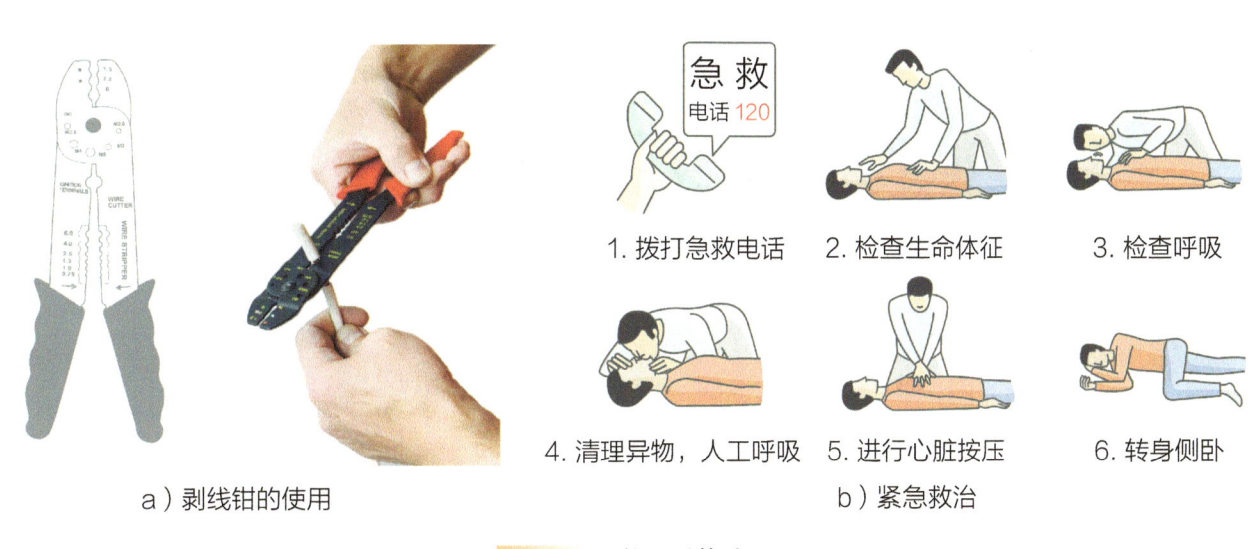

a）剥线钳的使用　　　　　　　　b）紧急救治

图1-6　学习型劳动

3. 工艺劳动

学校可以开设工艺劳动实践课程，如陶艺，将其作为开发和培育学生创造性思维的方式。另外，学校也可以聘请校外的民间工艺传承人进入学校或者带领学生到实践基地进行工艺劳动实践。

例如，"戏曲进校园"活动可充分利用微信平台、电子屏、网络教学平台等载体开展宣传，积极营造"戏曲进校园"活动氛围。学校戏曲老师通过戏曲知识讲解、经典剧目选段欣赏、戏曲实践活动等让同学们进一步了解戏曲艺术优美动听的唱腔、多姿多彩的造型、栩栩如生的人物形象和跌宕起伏的故事情节，感受优秀传统艺术的魅力，加深学生对戏曲艺术的理解和热爱。

图1-7a所示为陶艺工艺劳动，图1-7b所示为食材雕刻工艺劳动，图1-7c所示为木版画工艺劳动，图1-7d所示为剪纸工艺劳动。

a) 陶艺　　　　　　　　　b) 食材雕刻

c) 木版画　　　　　　　　d) 剪纸

图 1-7　工艺劳动

案例故事

非遗进校园，播撒非遗的种子
——苏州市姑苏区培育 18 所非遗特色学校

（1）组建非遗社团，将非遗融入学校拓展性课程。

桃坞中心小学专门成立了木版年画学习社团，开辟了"小桃娃桃花坞木版年画传习所"，邀请专家、非遗传承人到校授课，逐步形成"桃花坞木版年画"特色。不少学生报名参加木版年画社团，每周五下午到传习所，了解木版年画历史，传承、鉴赏木刻作品，学习木版年画"画、刻、印"技艺，动手做出一幅幅年画。

平江实验学校构建了校级、年级、班级的三级社团活动小组，开设灯彩、古琴、剪纸、刺绣、碑拓、棕编、评弹、昆曲等 25 个非遗第二课堂。灯彩社团，追寻姑苏遗韵；刺绣社团，穿针引线；棕编社团，叶间飞舞；剪纸社团，纸上生花；古琴社团，古韵婉转；碑拓社团，承载千年传统工艺……

平江实验学校特聘了一批非遗传承人担任顾问，向学生讲授非遗相关知识，手把手传授非遗技艺。苏州灯彩国家级代表性传承人汪筱文，虽然已经 80 多岁，仍坚持到学校教学生们制作灯彩；剪纸艺人章维伟多年如一日到学校进行剪纸教学；苏绣国家级代表性传承人、中国工艺美术大师顾文霞经常来学校指导学生开展活动。

（2）编印校本教材，分层级教学，推进非遗规范化传播。

姑胥小学大力推进彩蛋进校园工作。除聘请校外专业人士对学校教师进行指导外，学校还特意将彩蛋的由来、制作过程、创作技法、蛋雕基本刀法等内容编成了《浓墨彩蛋》校本教材，成为学生学习、绘制彩蛋的指南。

桃坞中心小学同样开发了《桃缘》《桃坞经》《桃花坞记》等校本教材，并采取分层级教学，低年级学生主要学习桃花坞木版年画的知识、图案以及相关故事；中年级学生学习印刷和雕刻，开始雕刻一些较简单的、自己喜欢的图案，如充满科幻色彩的"火山热能搜集器""宇宙瞬间运输"等；高年级学生开始雕刻复杂的图案，制作传统的桃花坞木版年画，如"一团和气""福字图"等。

（3）特色创新，非遗融入新元素。

把年画融入舞蹈。金阊外国语实验学校引入经典桃花坞木版年画元素，编排了极具创意的舞蹈《我们的年画》。孩子们手拿制作木版年画的棕刷，演绎了木版年画的制作过程，将非遗通过舞蹈的形式表现出来。

在彩蛋绘制中融入传统文化、动漫等元素。在姑胥小学，老师会在特定节日给同学讲解与节日相关的故事，让他们发挥自己的想象力，将与节日有关的内容绘制到彩蛋上，还会带领学生把二十四节气、十二生肖、苏州四大名园、影视人物等元素融入彩蛋创作。

苏州缂丝织造技艺传承人、高级工艺美术大师陈文将缂丝机进行了改良创新。在给学生上课时，陈文发现，由于缂丝机较大，学生因为身高、力气等原因无法使用。为让缂丝技艺更好地走进校园，陈文花费一年时间，研究发明了适合小学生使用的小型缂丝机，还加入了折叠的功能，并申请了专利。

（4）整合多方资源，街校联动，探索校外活态体验。

街校联动，营造非遗传播良好氛围。姑苏区的传统技艺、民俗节庆众多，如元宵灯会、轧神仙、苏州端午、石湖中秋等。姑苏区教体文旅委以各街道开展传统民俗文化节庆活动为契机，组织民俗学者、非遗传承人走进街道辖区内的校园，通过举办图片展、讲民俗故事等开展姑苏传统技艺传承系列活动，形成了"非遗进校园"的良好氛围。与此同时，学校也会带领学生在校外开展志愿服务活动，如桃坞中心小学美术专职老师方正文就多次带着学生到苏州博物馆、公园、社区等地印刷年画，并赠送给游客和市民。

整合非遗资源，增强校外活态体验。姑苏区教体文旅委通过对散布在古城大街小巷的非遗资源进行有机整合，让学生走出校门、走入非遗保护单位，与非遗"零距离"。学生通过网上报名参加由姑苏区教体文旅委开展的"姑苏出发——非遗体验之旅"夏令营，在3天时间里前往非遗保护单位，参观昆曲、评弹、缂丝、苏绣、制扇等传统非遗项目，与非遗传承人进行交流。姑苏区教体文旅委还开展了"知年俗，品年味，赏年画，学年艺，唱年谣，享年乐"系列冬令营活动，让孩子们全方位了解"老苏州"的过年习俗。

此外，姑苏区教体文旅委还开办了"中德青少年艺术交流·姑苏非遗文化之旅"活动，以昆曲为主线，先后组织中德青少年观摩经典昆曲折子戏，感受昆曲妆容，深度体味姑苏文化之美。

4. 公益劳动

公益劳动是指服务于公益事业、不取报酬的劳动。公益劳动的内容包括工农业生产劳动和各种服务性劳动，如参加秋收、植树造林、打扫卫生、帮助军属和残疾人等。从实际情况出发，以学校、班级、小组或团队为单位进行公益劳动，也可个人单独进行公益劳动。

公益劳动如图1-8所示。

a）捡垃圾　　　　　　　　b）志愿者活动

图1-8　公益劳动

劳动技能
垃圾分类的技巧

垃圾分类

生活垃圾通常分为四大类，包括可回收垃圾、厨余垃圾、有害垃圾和其他垃圾。垃圾分类有助于提高垃圾的资源价值和经济价值，实现垃圾的有效管理和资源循环利用。通过科学的垃圾分类和处理，可以减少环境污染，促进可持续发展。垃圾分类及投放注意事项如图1-9所示。

可回收的垃圾

废玻璃　　酒瓶　　玻璃杯　　调味瓶

废旧纺织物
上衣、裤子　鞋子　毛绒玩具

废纸张　图书　打印纸　信封

废塑料　饮料瓶　塑料盆　食用油桶

废金属　易拉罐　金属刀具　奶粉桶

废弃电器产品　洗衣机　电烤箱　电视机

易腐烂的、含有机质的生活垃圾

菜叶　剩菜剩饭　过期食品　瓜果皮壳

鱼骨、鱼刺　鸡蛋及蛋壳　残枝、落叶　茶叶渣

鸡肉　花卉　蛋糕、饼干　动物内脏

宠物饲料　豆类　中药渣　苹果核

投放注意事项（可回收物）
1. 投放时，保持干燥清洁、避免污染
2. 废纸保持平整
3. 立体包装物清空，清洁后压扁投放
4. 玻璃制品轻拿轻放、有尖锐边角的包裹后投放

投放注意事项（易腐垃圾）
1. 投放前沥干水分
2. 不混入塑料袋、保鲜膜等食品外包装
3. 牛奶等流质食物直接倒进下水道

对人体健康或者自然环境可能造成直接或者潜在危害的生活垃圾

充电电池　含汞荧光灯　过期药品及其包装　节能灯

油漆桶　血压计　水银温度计　杀虫喷雾罐

感光胶片　染发剂壳　蓄电池　消毒剂

不能归类于以上3类的生活垃圾

食品袋　大棒骨　创可贴　污损塑料袋

烟蒂　陶瓷碎片　餐巾纸　妇女卫生用品

头发　橡皮泥　灰土　笔

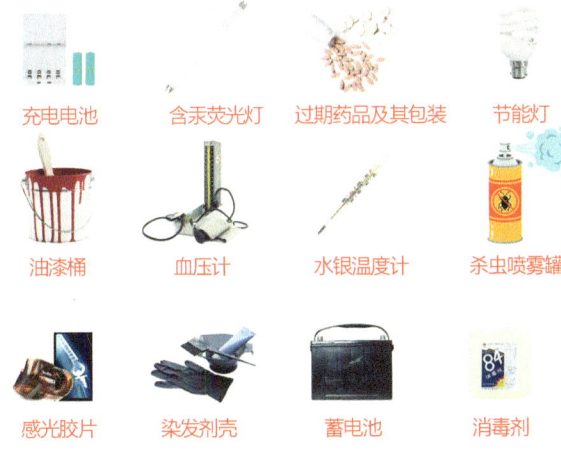

投放注意事项（有害垃圾）
1. 保证器物完整，避免二次污染
2. 易破损、过期药品带包装轻放
3. 易挥发、有残留的密闭后投放

投放注意事项（其他垃圾）
1. 沥干水分后投放
2. 废旧家具、家电等体积较大的废弃物在指定地点单独堆放
3. 建筑垃圾在指定地点、指定时间单独堆放

图 1-9　垃圾分类及投放注意事项

对于不清楚类别的生活垃圾，我们可以通过"垃圾分类查询"的微信小程序了解垃圾的分类，如图1-10所示。查询的具体步骤如下。

步骤1：在微信搜索框中，输入"垃圾分类查询"，单击"搜索"按钮，单击"中国政府网"公众号下的"垃圾分类查询"按钮，进入"垃圾分类"界面。

图1-10　垃圾分类查询

步骤2：在"垃圾分类"界面，单击"北京市"右侧的下拉按钮，可选择试点城市。选择试点城市为"北京市"，输入"小龙虾"，可查小龙虾相关垃圾的分类。

步骤3：在"垃圾分类"界面，单击"其他垃圾""可回收垃圾""有害垃圾""厨余垃圾"，可查看相应垃圾的种类。

第二节　劳动教育课程内容与评价体系

学校劳动教育作为全面教育的重要组成部分，在教育中占有重要地位。

学校劳动教育是指由专职人员和专门机构承担的，有目的、有系统、有组织的劳动教育，具有不同于其他教育活动的独特性，在学生的成长中不可或缺。

学校劳动教育具有组织性和计划性。劳动的项目、时间和强度都有严格的控制。在学校里，劳动教育主要是一种集体教育方式。在集体中，劳动教育具体活动的设置要在结果中能明显地表现出每个人的努力程度。在实施劳动教育时，要以创造和审美为目的去激励学生，使每个人都给集体的工作做出尽可能多的贡献，培养他们的集体责任感。

一、劳动教育课程内容体系

构建"233"劳动教育课程内容体系，"2"即两大板块劳动课程内容：校内劳动教育课程、校外劳动教育课程；"3"即校内劳动教育课程三个方面的分支内容：校内环境卫生劳动教育课程（劳动周）、校内专业实训项目劳动教育课程（实训基地劳动）、校内技能提升劳动教育课程（技能竞赛、创业创新）；"3"即校外劳动教育课程三个方面的分支内容：校外公益劳动教育课程、校外社会实践劳动教育课程、校外家务劳动教育课程。

劳动教育课程内容体系如图1-11所示。

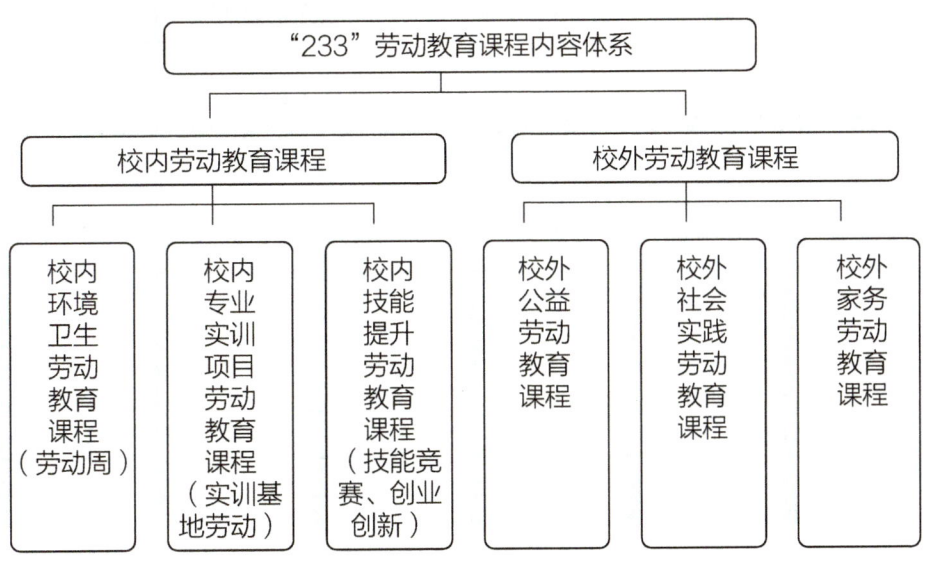

图1-11　劳动教育课程内容体系

二、劳动教育课程评价体系

劳动教育课程评价体系以校为本，采用"积分制"评价模式。

学生评价采用"2323 积分制"评价模式。第一个"2"即两种评价方式：过程性评价与终结性评价。第一个"3"即三类评价主体：教师、家长、学生。第二个"2"即两大板块评价内容：校内劳动、校外劳动。第二个"3"即三个主要评价要素：劳动出勤、劳动态度及劳动质量。依托学生校内劳动记录评价表、学生校内技能提升劳动记录评价表、学生校外公益劳动记录评价表、学生家务与自我服务劳动记录评价表、学生期末劳动总评价表等，既注重学生学期末参与劳动总得分的总结性评价，又关注每次劳动得分的过程性评价。一学期下来，学生参与劳动的多与少、劳动态度的优与劣、劳动效果的好与差，一清二楚，一目了然，可记录，可追溯，可视化。

学生家务与自我服务劳动记录评价表如表 1-1 所示。

表 1-1　学生家务与自我服务劳动记录评价表

班级		姓名					
一级目标	二级指标	状况 A. 会做，且坚持常做 B. 会做，偶尔做 C. 不会做，在学习 D. 不会做，不愿意学	评价				评价人签名
			优	良	一般	差	
家务劳动	1. 洗米煲饭						
	2. 洗菜、炒菜，洗碗、刷锅						
	3. 扫地、拖地、收拾家具						
	4. 会买日用品						
	5. 会洗、晾、叠衣服						
	6. 会浇花、护花						
	7. 会洗鞋						
	8. 在家人生病时，会提醒按时吃药						
	9. 会照顾老人和生病的人						
	10. 客人来了会泡茶						
自我服务劳动	1. 自己盛饭、夹菜，自己吃						
	2. 自己的衣服、鞋袜自己洗						
	3. 自己的床自己整理						
	4. 自己会钉扣子						
	5. 自己的房间自己收拾						
	6. 上学自己收拾书包						

学生期末劳动总评价表如表 1-2 所示。

表 1-2　学生期末劳动总评价表

班级：		姓名：		期末总得分：	
劳动实践（80分）	校内劳动（30分）	环境卫生劳动	学生值日劳动（15分）	得分	小计
			校园集体清洁劳动（3分）	得分	
			其他劳动（2分）	得分	
		专业实训项目劳动	实训基地劳动（10分）	得分	
	校外劳动（50分）	公益劳动（15分）		得分	小计
		社会实践劳动（15分）		得分	
		家务劳动（20分）		得分	
技能提升（20分）	技能竞赛（10分）			得分	小计
	创业创新（10分）			得分	
自我评价					
同学评价					
家长评价					
老师评价					

种植花卉和蔬菜的过程如图 1-12 所示。

1. 准备陶盆　　2. 铺上砾石　　3. 铺上泥土，撒上种子　　4. 装满泥土，覆盖种子

5. 给种子浇水　　6. 将植物放在阳光下　　7. 等待植物成长　　8. 植物成长开花

图 1-12　种植花卉和蔬菜的过程

步骤1：准备陶盆，铺上一层薄薄的砾石，将一部分泥土铺在砾石上，把种子撒在泥土上，在陶盆装满泥土，覆盖种子。

步骤2：给种子浇水，等待种子发芽，根据植物的属性，给予一定的阳光照射与水分，等待植物成长。

不同的蔬菜和花卉在成长过程中，对养分、水分和阳光的需求有所差别。同一种植物在不同成长期对养分、水分和阳光的需求也有所差别。所以在种植过程中，要观察植物的状态，根据植物的属性进行养护。西红柿的种植成长过程如图1-13所示。

图1-13　西红柿的种植成长过程

第三节　职业院校劳动教育实践指导

职业院校作为培养第一线工作的高素质劳动者和专门人才的主要机构，必须全面贯彻和落实国家关于强化劳动教育的政策、方针。结合自身办学宗旨和培养目标，突出职业性、实践性、专业性、劳动性，多样化推进劳动教育实践。

一、校内劳动（劳动周）实践指导

（一）劳动周实施方案

为进一步做好学校卫生工作，学校可开展"劳动周"活动，各班主任发动学生积极参加"劳动周"活动，通过参加劳动，激发学生掌握劳动技能、提高独立生活能力、为他人及社会服务的需求和热情，并让学生亲身体验劳动带来的成功与快乐。这样对进一步培养学生的劳动习惯，提高学生的社会实践能力，具有积极的促进作用。

1. 参与对象

所有班级每学期轮流安排劳动周，确保在校学生都有参加劳动周活动的机会。学生劳动周列入学校每学期的教学计划，并统筹安排各班级劳动计划，在每学期劳动周前下发到全校各班级。

2. 劳动任务的要求

1）学生劳动周的劳动任务分为固定任务及临时任务两大类。固定任务是指需长期经常性劳动的岗位，由有关科室负责提出劳动任务、劳动要求、所需学生人数及劳动岗位考核员名单报告，经研究通过，列入劳动周计划表；临时任务是指学校或科室临时性需要突击完成的其他工作。临时任务由有关科室负责人提前将劳动任务要求及劳动岗位考核员报学生科，经学生管理部门同意后将任务下达到指定班级完成。

2）劳动岗位考核员由劳动岗位所在部门负责人指定，具体负责该岗位全体学生的劳动管理和劳动考勤，布置劳动任务，提出质量要求，检查劳动任务完成情况并在周末按劳动考核要求对每位学生评定出劳动成绩，填入学生劳动考核登记表。

3）学生科指定专人负责将劳动计划表（一式三份）、学生劳动个人小结表及劳动考核登记表（学生每人一份）交劳动班级的班主任，由班主任组织班委按劳动计划表中的任务和要求对本班的劳动定人定岗，并认真填写劳动计划表，该表一式三份经班主任签字后，一份送交各科室岗位考核员，一份班主任自留，以便检查本班劳动的落实情况，另一份送交学生管理部门保留。

4）学生劳动周期间班主任必须每天监督检查全班劳动情况，掌握学生的考勤以及抽查劳动完成情况。

3. 劳动成绩考核办法

1）学生劳动成绩采用百分制。学生参加劳动时应如实填写个人劳动小结和劳动考核登记表，并送交所在劳动岗位考核员评定成绩。劳动岗位考核员应根据学生一周的表现，重点考察学生的劳动态度、劳动出勤及劳动质量，对学生评定出劳动成绩并填入劳动考核登记表。劳动成绩评分表如表1-3所示。

表1-3 劳动成绩评分表

考核等级		优秀（90~100分）	良好（75~89分）	合格（60~74分）	不及格（60分以下）
考核内容	劳动态度（20分）	工作态度认真，积极、主动完成老师布置的劳动任务	工作态度较认真，完成老师布置的劳动任务	能够完成个人劳动任务	工作中偷懒，逃避劳动
	劳动出勤（30分）	按时到岗，无请假，无早退	按时到岗，有请假现象，无早退	基本按时到岗，请假达半天，有早退	经常迟到、早退，有旷岗现象
	劳动质量（50分）	按照工作流程、标准按时完成劳动任务，检查优秀，保洁很好	基本按照工作流程、标准按时完成劳动任务，检查达标，保洁较好	劳动任务基本达标，保洁不够	没有按照标准工作，工作有疏漏、应付了事

注：1. 劳动质量检查是衡量小组整体劳动情况的指标，每周进行14次劳动质量检查，依据劳动质量检查结果，评定小组劳动质量的成绩。
2. 劳动态度和出勤情况为个人指标。
3. 优秀的标准：参加周六、周日两天劳动的学生有参评优秀的资格；参加周六、周日一天劳动的学生有参评良好的资格。

2）学生劳动考核登记表必须由班主任填写劳动鉴定，班会进行总结后交学生科。学生科指定专人按班级汇总劳动成绩后，将每学期学生劳动考核登记表归入学生本人档案。

3）凡是出现劳动周期间有旷工两课时以上，点名迟到或早退四次以上；未按时完成分配的劳动任务、劳动态度不端正（由考核人认定）；擅自换班顶岗，劳动周期间违纪受到处分等情形之一者，劳动成绩计不合格。劳动周期间旷工一课时者、迟到两次者，劳动课成绩不得评优。成绩不及格者，按一门课程不合格论处，并要求在学期内进行统一补考。

4. 劳动周期间的考勤制度

1）学生在劳动周期间不得旷工，不得请假，由各劳动岗位考核员及班主任负责严格实行考勤制度。每日必须考勤四次以上。

2）学生确因病不能参加劳动时，必须持学校医务所或县级以上医院证明，经班主任批准后，至学生科办理请假手续，否则按旷工处理。病好以后必须随班级参加剩余劳动并在学期内补齐劳动课时后方给予评定劳动成绩。

3）劳动周期间学生必须上早操和晚自习（教学楼打扫卫生岗及门卫岗除外）。

（二）劳动周清扫流程及清扫标准

劳动周清扫流程及清扫标准如表1-4所示。

表1-4 劳动周清扫流程及清扫标准

清扫项目	使用工具	工作步骤	工作标准
台阶及建筑物周边	小水桶、毛刷、扫帚、万能手、五洁粉	1. 先用扫帚将台阶上垃圾、灰尘清扫干净 2. 先用水桶接满水对台阶进行冲洗，然后用毛刷反复洗刷台阶，遇到难清洗的污渍用五洁粉处理 3. 最后用清水冲洗台阶 4. 用万能手将建筑物周边通道、草丛、树丛的生活垃圾和自然垃圾捡干净	1. 台阶上无纸屑、果皮、痰迹、烟头污渍、尘土等 2. 建筑物周边无烟头、白色垃圾
门厅	扫帚、撮子、大拖布、小拖布、麻丝刀、五洁粉、水桶、胶皮手套、抹布	1. 将脚垫上的灰尘清扫干净，再将脚垫挪开，清理脚垫下面的灰尘，用拖布将地面擦净，将脚垫归回原位 2. 用抹布擦拭公共设施（桌子、椅子、灭火器等）	1. 门厅的地面及边角干净无纸屑、果皮、痰迹、烟头污渍、尘土等 2. 地砖有光泽，门厅的边缘和踢脚线无灰尘 3. 公共设施无灰尘
走廊	扫帚、撮子、大拖布、小拖布、麻丝刀、五洁粉、水桶、橡胶手套、抹布、砂纸	1. 首先用干净的抹布将防火栓擦拭干净 2. 用扫帚扫净走廊地面（地面如有痰迹和口香糖要用麻丝刀先行处理） 3. 把垃圾收进撮子倒在卫生间的垃圾桶内 4. 把一个大拖布洗净、拧干从头至尾竖推一遍地面 5. 用干的小拖布横拉一遍地面拖干即可（此工作每班次每日三次） 6. 地面拖过后再用干净的抹布将踢脚线擦拭干净 7. 墙面印痕随时用砂纸打磨掉	1. 走廊的地面及边角干净无纸屑、果皮、痰迹、烟头污渍、尘土等 2. 地砖有光泽，走廊边缘部位和踢脚线无灰尘 3. 墙面无印痕

（续）

清扫项目	使用工具	工作步骤	工作标准
楼梯	扫帚、撮子、垃圾袋、水桶、拖布	1. 首先用水桶装清水将抹布洗净，用干净的抹布将楼梯扶手擦拭干净 2. 用扫帚清扫楼梯，将果皮、烟头、纸屑收集到撮子里，然后倒入卫生间的垃圾桶内 3. 用水桶装清水，洗净拖布，拧干拖布上的水 4. 用拖布从上往下、由外往里逐级拖抹，拖抹时至少清洗拖布两次 5. 用干拖布再擦一遍（此工作每班次每日三次）	1. 楼梯内无纸屑、果皮、餐盒等垃圾 2. 地面及边角干净无痰迹、口香糖痕迹，无纸屑、果皮、烟头、污渍尘土等 3. 瓷砖有光泽，踢脚线无痰迹 4. 台阶立面无污渍，有光泽
大门、门槛及公共设施	干（湿）抹布、麻丝刀、钢丝球、五洁粉、水桶、小拖布、橡胶手套	1. 用湿抹布擦净大门表面的灰尘，然后再用干抹布擦干 2. 遇到张贴物时可以用钢丝球蘸少许五洁粉擦拭，再用湿抹布擦拭表面后，用干抹布擦干（此工作每班次每日三次，在发现张贴物时，要随时清理） 3. 用麻丝刀把门槛上的污垢清理掉 4. 用钢丝球蘸五洁粉擦拭污垢 5. 用清水冲净，再用干拖布擦干门槛即可。此项工作每日三次 6. 走廊的展示板每天清理一次，各项通知以三天为限，超过三天自动清理，并保证展示板的干净整洁	1. 大门表面无灰尘、泥点和各种张贴物 2. 巡视门、窗、灯、消防栓等是否完好，如有损坏及时报修，并做好记录 3. 使用抹布擦拭窗台、展示板、消防栓、安全指示灯、电表箱、意见箱、消防应急照明灯、电视，达到清洁无异物标准即可（公共设施每天清理一次，窗户每周清理一次）
垃圾箱	橡胶手套、钢丝球、干抹布、湿抹布	1. 把装满垃圾的垃圾袋换成干净的垃圾袋 2. 用湿抹布擦拭垃圾箱表面，把污垢、泥点、灰尘擦掉，再用干抹布擦干即可 3. 把垃圾箱上盖拿到卫生间，然后放进水池里清洗，用钢丝球把上盖表面清理干净，在有油污难以清理时可以用五洁粉，最后将上盖用清水冲净，用干抹布擦干后，放回到垃圾箱上面	1. 垃圾箱表面要有光泽，无灰尘 2. 垃圾箱内垃圾不能过多，超过垃圾袋2/3时就要更换垃圾袋

二、公益劳动实践指导

（一）公益劳动的形式

校园总是充满了各种各样的活动，而校园公益劳动是众多活动中的一种特殊形式，校园公益劳动的形式有很多，表1-5中按月列举了具有代表性的校园公益劳动，供同学们参考。

表1-5 校园公益劳动

月份	公益劳动主题	公益劳动内容	物资准备	活动背景
3月	植树活动,种下绿色,保护环境	开展捡垃圾、落叶,擦花坛,集体种树活动	树苗、铲子、水桶、肥料	保护树木,植树造林,激发人们爱林、造林的热情,促进土地绿化,保护生态环境
4月	烈士陵园扫墓,缅怀烈士,勿忘先辈遗志	为烈士扫墓、献花、默哀	纸质白花、黄色菊花束	清明节是中国传统节日,也是祭祖和扫墓的日子
5月	探访环卫工人,感恩劳动天使	给环卫工人送花,学习垃圾分类的方法	锦旗、康乃馨、手套、口罩	5月1日是劳动节,环卫工人仍坚守岗位
6月	看望孤儿,爱满福利院,成长没有孤独	走进娱乐室等与孩子们进行互动,给孩子们发放慰问品	水彩笔、玩具	6月1日是儿童节,向福利院中无依无靠、无人抚养的孤儿和残疾儿童表达关爱与祝福
7月	瞻仰先烈遗迹,传承红色基因	接受理想信念教育和爱国主义教育	校旗、印有学校校徽的小红旗	7月1日是中国共产党建党的日子
8月	假期支教	利用寒暑假或周末去辅导留守儿童	个人生活物品,支教者需要有经济基础与学历	改善我国贫困地区教育现状
9月	志愿者帮助别人,快乐自己	助学、助老、助残,关注弱势群体、青少年、环保等,并进行公益性宣传	奉献个人时间和行动	无偿地为社会进步贡献自己的力量
10月	看望孤寡老人,爱心重阳,夕阳独好	帮助老人清洗衣服和打扫环境卫生;清洗水果与老人分享,并与老人谈心,了解他们的身体状况和生活情况,同时收集老人的愿望	爱心棉被、衣物	照顾与关爱社会中的孤寡老人
11月	保护动物,让爱不流浪	收容与照顾流浪动物,宣传领养流浪动物,对流浪动物进行医疗救助	食物、水、医疗用品、收容用品、宣传材料、清洁用品	流浪动物因被遗弃或失去家园,面临饥饿、疾病、虐待的威胁。为流浪动物提供一个更好的生存条件,促进人与自然和谐共生
12月	收集废旧物品,环保在身边	所有回收物资的销售款项用于制作布购物袋,并通过各社区居委会散发到各家庭	一次性手套、大购物袋	吸纳更多"环保志愿者"参与环保活动

(二)公益劳动实施方案

1. 教学组织

学校统一领导,各职能部门配合提供相应平台完成教学内容和教学任务。原则上以班级为单位开展劳动活动,学生利用课余时间采取不定时(时间和时长)参加学校内各单位组织的绿化活动、环境卫生清理、搬迁等公益劳动。根据具体情况，各班集可采取集中劳动或分散劳动的方式进行，并根据课程计划自行安排，也可根据实际情况参加校外的公益劳动。辅导员或班主任老师负责对劳动的内容、效果、时长进行评估，并加强实际指导，负责学生成绩评定和成绩记录工作。

2. 教学内容（含考核办法）

1）公益劳动主要针对中职和高职一、二年级学生。

2）学生入学后，由学院向学生发放"学生公益劳动情况记录卡"，学生每次完成公益劳动任务后，由安排劳动的有关单位管理人员（如学院办公室主任、部门负责人、辅导员等）填写劳动日期、时数、内容，并签字认可。校外公益劳动需要相关单位提供证明。

3）学生每次完成公益劳动后需要撰写公益劳动感想，作为完成公益劳动的辅助支撑材料。

4）学生在校期间必须完成1学分的公益劳动（1学分=16学时=12小时）。开课学期，学生需要参加12小时公益劳动。根据各专业人才培养计划，公益劳动成绩按优、良、中、及格、不及格记载。不及格及未达到必修劳动时数者，成绩为"不通过"，参加补修，按要求累计完成劳动时数，方可获得1学分。

5）每学期结束前，各班对学生该学期所完成的劳动时数进行统计，辅导员对照"学生公益劳动情况记录卡"核查时数，登录教务系统，上传学生成绩。

6）当学期因缺勤未完成公益劳动的学生，成绩为不合格，必须利用课余时间在其他学期内随低年级班级进行补修。

7）学生每学期要修满1个公益劳动学分，凡当学期未修满者，不能参加该学期的评优和评奖。学生在毕业前必须修满规定的1个学分，否则不能参加毕业生的评优和评奖并影响其正常毕业。

（三）公益劳动实践报告手册

公益劳动实践报告手册如表1-6所示。

表1-6 公益劳动实践报告手册

学院		班级		学号		姓名	
劳动主题							
劳动时间							
劳动地点							
劳动证明（包括证明人或单位的签名或盖章）、照片（2张以上照片，从不同角度反映参加公益劳动的内容及特点，并配上照片注释）或者其他相关材料粘贴处等							
公益劳动感想：							

学生公益劳动实践情况记录卡如表1-7所示。

表1-7 学生公益劳动实践情况记录卡

学院		班级		学号		姓名	
劳动情况记录						学期记录	
序号	日期	地点	劳动内容	时数	组织单位签字	学期	起止时间	时数小计
1						一		
2						二		
3						三		
4						四		
5								
6								
7								
8								
9						合计		
10						成绩评定		

三、学生社会实践指导

学生参加社会实践，对于了解社会、认识国情、增长才干、奉献社会，锻炼毅力、培养品格，增强自身独立性具有重大的意义。

（一）学生社会实践实施方案

1. 社会实践的教学要求

1）社会实践是每个学生的必修课，必须制订具体的教学计划，纳入学校整体教学安排，列入课表，全员参与，严格考核，计入学分（32学时、2学分），确保社会实践教学落到实处。

2）坚持课内与课外相结合、集中与分散相结合，确保每一位学生都能参加社会实践。

3）教务处将学生假期社会实践活动作为一门教学课程运作，每位老师要有明确的指导对象和教学任务，以保证社会实践教学的质量。

2. 社会实践的教学方式

1）开展社会调查。组织学生围绕我国经济社会发展的重点、热点问题，深入农村、城市社区及厂矿企业等进行调查研究，提出解决问题的意见或建议。

2）开展勤工助学。鼓励学生特别是贫困学生在完成学业的同时，积极参加勤工助学活动。通过勤工助学活动，培养学生艰苦奋斗、自立自强、奋发向上的品格。

3）开展志愿活动。主要做好"三下乡""四进社区"活动。根据年度学生思想教育的重点和不同专业的具体情况，深入开展文化、科技、卫生"三下乡"和科教、文体、法律、卫生"四进社区"服务活动。要像组织课堂教学一样，精心设计、周密安排，根据需求选派相关专业的学生团队，为群众办实事、解难题。大力倡导学生参加志愿活动，培养学生的劳动、服务观念，引导他们服务人民，奉献社会。

4）关爱进城务工人员子女行动。结合留守的进城务工人员子女的现实需求，依托乡镇活动场地、进城务工人员子弟学校、进城务工人员聚居地、留守的进城务工人员子女集中的村镇学校等，组织学生志愿者重点开展学业辅导、亲情陪伴、自护教育、文体活动、爱心捐赠等。探索学校与农民工子弟学校结对帮扶的长效机制。

5）开展红色之旅。利用假期到革命纪念圣地（场馆）、经济社会发展成效显著的地方参观学习，了解中国革命、建设和改革开放的历史与成就，增强学生对党的感情和中国特色社会主义的热爱，激发他们全面建设小康社会、实现中华民族伟大复兴的责任感和使命感。

6）开展学生创新创业专项实践活动。学生课外科技创新实践活动，对提高学生的实践能力，培养其创新意识、创新能力，起到至关重要的作用。丰富的社会实践经历能开阔当代学生的视野。毕业后，学生面临的不再是就业这唯一选择，有一部分人将毅然地踏上创业这条路。

3. 社会实践教学的程序及时间

1）根据职业院校学生的特点，作为课堂教学延伸的社会实践教学活动，可安排在第一、二学年的寒暑假进行。

2）第一学年第一学期教务处下达新生社会实践教学任务，并将教学任务具体分配给思想政治理论课任课教师。任课教师根据学院关于社会实践教学的整体要求和课堂教学的需要，拟定社会实践课题，供学生选择。学生可以选择教师提供的社会实践课题，也可以征得教师的同意后自拟社会实践课题，在教师的指导下开展社会实践活动。

3）具体时间：第一学年的社会实践课题，在第一学期寒假确定，第二学期暑假结束后一周内学生向教师提交"社会实践结题报告"；第二学年的社会实践课题，在第三学期寒假确定，第四学期暑假结束后一周内学生向教师提交"社会实践结题报告"。

4）学生根据社会实践教学课题的要求，拟定开展假期社会实践活动的具体计划或调研提纲，在征得指导教师的同意后，充分利用两个假期进行社会实践活动。根据参加社会实践活动所取得的材料，写出社会实践结题报告。

5）第三学年寒假前（第五学期），教务处督促指导教师对一、二年级学生的社会实践活动，进行成绩综合评定和全面总结，登录教务系统上传学生的综合成绩，计入学生学分，完成社会实践课程的教学任务。

4. 社会实践教学的考核要求

1）参加假期社会实践活动的学生，在第二学期、第四学期暑假结束后的一周内，每个人必须提交一篇独立完成的，字数在 2500 字左右的社会实践结题报告。

2）社会实践结题报告的形式不限，可以是社会实践论文，也可以是调研报告，或参加各类实践活动的总结、体会等。

3）社会实践结题报告必须做到：观点正确，没有原则性的错误；具有一定的理论意义和实践意义，具有一定的参考价值；引用的数据真实可信，没有抄袭、造假；语言表达清楚、流畅，行文无逻辑错误。

4）对社会实践结题报告成绩的评定采用百分制，对优秀的社会实践成果进行评奖，颁发荣誉证书，并汇集成册。

5）杜绝作假，凡发现论文作假或基本类同的，以 0 分计算；该生必须参加下年级的社会实践活动，直至考核合格。

（二）学生社会实践活动写实记录及考核登记表

学生社会实践活动写实记录及考核登记表如表 1-8 所示。

表 1-8　学生社会实践活动写实记录及考核登记表

姓名		学院		专业		学号		年级	
活动名称									
组织形式		（　）分散活动			（　）团队活动		分工：		
活动类别		□科技服务　　□文化服务　　□卫生服务　　□支教　　□社会调查 □关爱农民工子女行动　　□公益劳动和文明建设　　□其他							
活动主题和内容									
活动时间		□学期内　　　　□寒假　　　　□暑假							
活动地点、区域或路线									
活动记录（以天为单位简要记录活动的地点、区域，活动内容及体验、收获与感受，时间超过6天可另附页）		第一天：							
		第二天：							
		第三天：							
		第四天：							
		第五天：							
		第六天：							
活动总结与成绩成果									

（续）

实践地、接收单位信息及评价意见	实践地、接收单位名称	
	联系方式	
	实践地、接收单位负责人签字（单位盖章）： 年 月 日	

指导教师信息及评价意见（参加分散活动的不需要填写）	姓名		电话	
	指导活动总时间（小时）			
	团总支书记签字： 院系负责人签字： 年 月 日			

活动总时间（小时）	（参加分散活动的由团总支书记根据学生活动记录计算填写，参加团队活动的由指导老师根据学生活动记录计算填写）
申报材料清单	学生社会实践申报书　　　　　　　　学生社会实践调查报告 学生社会实践PPT　　　　　　　　　学生社会实践活动照片 学生社会实践活动写实记录及考核登记表
申报等级	优秀（　）　　良好（　）　　合格（　）
团总支评议意见	优秀（　）　　良好（　）　　合格（　）　　不合格（　） 团总支书记签名： 年 月 日
学校团委考核意见	优秀（　）　　良好（　）　　合格（　）　　不合格（　） （盖章） 年 月 日
本人承诺	本人自愿参加学校____年学生社会实践活动，并保证本人身体和心理状况适合参加本次社会实践活动，对本次社会实践活动的目的、性质、实践地的情况以及可能的风险有清楚的了解，详细阅读并全部理解教育部令第12号《学生伤害事故处理办法》。在社会实践期间，本人保证将自觉遵守国家法律法规和学校纪律，严格执行学校关于社会实践的各项规定。 学生本人签字： 年 月 日

填写须知：

1. 本表用于记录和考核我校学生的社会实践经历，内容由学生本人、团支部、社会实践接收单位（个人）、指导教师、辅导员、学院团委、学校团委等分别填写，一律用钢笔或签字笔填写，打印无效。
2. 本表每学年开学后第四周，由学校统一下发，平时由学生自己保存。每学年开学后第一周收回上一学年所发表格，并收取社会实践报告及辅助性证明材料，完成成绩考核后由各学院团委收齐，以班级团支部为单位按照必修课试卷归档的要求装订成册，以学院为单位统一报送学校团委。
3. 表格所有内容须如实填写，所附材料须真实可信，在社会实践活动考核工作中经他人反映或抽查回访发现存在弄虚作假现象的，包括虚造、伪造社会实践经历，或虚造、伪造社会实践报告或辅助性证明材料，或提交的社会实践报告或辅助性证明材料违反学术纪律的，当年社会实践活动考核成绩一律认定为不合格，并按《学生违纪处分实施细则》中违反考试纪律或违反学术纪律的有关条款进行处理。

整理与收纳

衣柜的整理与收纳

衣柜的整理与收纳主要涉及衣物的整理、被褥的摆放、鞋子的收纳等。整理与收纳后的衣柜如图 1-14 所示。在整理与收纳衣柜前,要观察衣柜的结构,确定不同物品的收纳位置。

图 1-14 整理与收纳后的衣柜

1)衣物整理。衣物整理的方法有叠放、悬挂、真空。

①叠放,轻薄衣物可以卷成卷,按顺序竖放在抽屉柜里,既方便翻找,也不会弄皱。

②悬挂,厚外套和常穿的衣服,悬挂在衣柜中。羊绒衫或容易变形的毛衣,不建议悬挂。

③真空,不常用的厚衣服、被褥,可以放进真空收纳袋,搁置在衣柜顶层或床底。

常穿的衣服能挂不要叠,按照季节来整理。常年不穿的衣服,除了占据衣柜空间,毫无其他用处。取舍衣物的办法是:①把塞满衣柜的衣服拿出来,集中放在空旷处;②一件件挑选,3 秒内判断是否喜欢,只留下自己想要的。

2)被褥摆放:不常用的被褥和厚毛毯,建议在衣柜最高处竖着放。叠好后放在储物袋中,气候潮湿的地区可以放入干燥剂。

3)鞋子收纳:不常穿的鞋子装在透明鞋盒里,可放在鞋柜上层、衣柜下层或床底。

行李箱的整理与收纳

行李箱的整理与收纳要根据行程安排、天气状况进行。行李箱的选择应根据出行人数、行程安排进行,如图 1-15 所示。

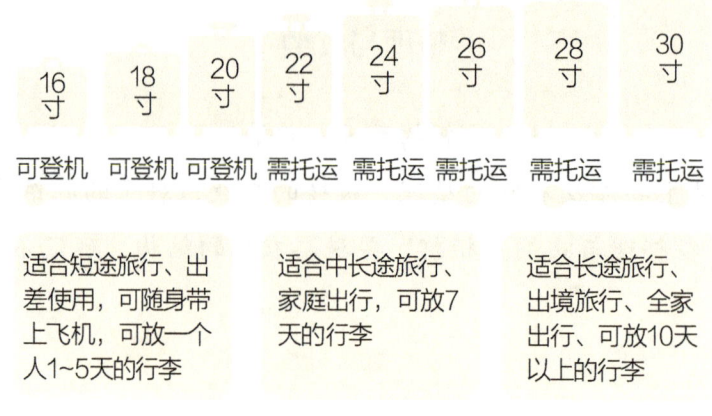

图 1-15 行李箱的选择

行李箱的整理与收纳，要根据物品的类别分类收纳，确保各类物品整洁卫生。在对物品进行分类时可选用收纳袋进行，如图 1-16 所示。

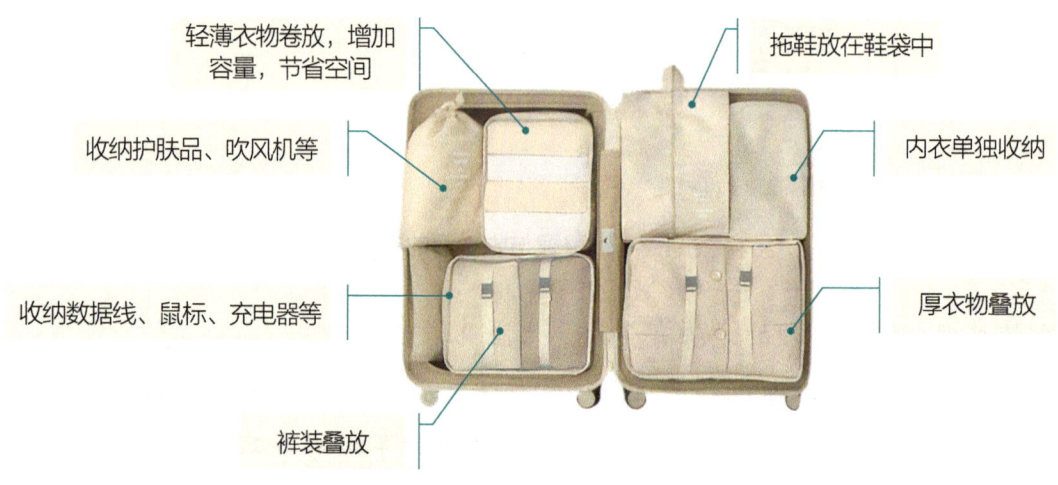

图 1-16 行李箱的整理与收纳

【活动拓展 1】 劳动教育现状调查

请同学们填写职业院校劳动教育现状调查表，在教师的指导下分析调查结果。

职业院校劳动教育现状调查表

1. 您是否了解劳动教育？

　□A 是　　　　　　　□B 否

2. 您觉得劳动教育可以带给自己哪些帮助？【多选题】

　□A 职业精神　　　　□B 锻炼身体

　□C 思想教育　　　　□D 劳动技能　　　　　　□E 其他

3. 请问您更关心自己哪方面的发展？【多选题】

☐ A 体育 ☐ B 美育

☐ C 智育 ☐ D 劳动教育 ☐ E 德育

4. 您认为学校目前提供的劳动实践岗位多吗？

☐ A 很多 ☐ B 不多，只有少数学生享有

☐ C 没有关心过

5. 您认为劳动教育在职业院校学生教育中能起什么作用？【多选题】

☐ A 有助于养成吃苦耐劳的精神

☐ B 有助于养成良好的生活习惯

☐ C 有助于形成正确的人生观和价值观

☐ D 有助于锻炼意志品质

☐ E 不能够起什么重要作用

6. 您认为当前职业院校学生在劳动素质方面存在哪些问题？【多选题】

☐ A 劳动价值观出现偏差，如轻视体力劳动与体力劳动者、劳动功利化

☐ B 劳动习惯和劳动能力差，好逸恶劳，存在铺张浪费及不珍惜他人劳动成果的现象

☐ C 缺乏勤劳朴素的劳动品质和艰苦奋斗的劳动精神

☐ D 劳动技能差，同时对未来就业感到迷茫

7. 您认为职业院校学生参加劳动是否有必要？

☐ A 没有必要，学生应以学习为重

☐ B 可有可无

☐ C 很有必要，因为劳动创造未来

☐ D 想参加劳动，但这样的机会很少

8. 在教学过程中，教师进行过有关劳动价值观的教育吗？

☐ A 有，有些课程提到的较多 ☐ B 偶尔提到过 ☐ C 从未有过

9. 您认为职业院校应该增加劳动教育的相关内容吗？

☐ A 很有必要 ☐ B 没有必要 ☐ C 无所谓

10. 您在校期间都参加过哪些劳动实践活动？【多选题】

☐ A 学生公寓、教室卫生清洁 ☐ B 植树活动日

☐ C 学校义务劳动 ☐ D 校外义务劳动

☐ E 校外兼职 ☐ F 勤工俭学

☐ G 校外专业实习

11. 您所在的学校主要开设了哪些劳动教育课程？【多选题】

☐ A 必修课程 ☐ B 选修课程
☐ C 相关讲座 ☐ D 系统的劳动教育课程

12. 您所在的学校是否配有专门的劳动教育教师？
☐ A 有 ☐ B 没有
☐ C 其他课程教师兼劳动教育教师 ☐ D 不了解

13. 您所在的学校配有几名劳动教育教师？
☐ A 1 名 ☐ B 2 名
☐ C 3 名 ☐ D 3 名以上
☐ E 不了解

14. 您认为学校的劳动教育平台是否充足？
☐ A 匮乏 ☐ B 差不多
☐ C 很充足 ☐ D 不了解

15. 您所在学校的教师对于现今课程改革的态度是怎样的？
☐ A 积极响应并做出改变，效果很好
☐ B 努力探索课程改革，并与自己的课程特点相结合，形式不固定，处于探索期
☐ C 更注重形式，实际结合效果并不好
☐ D 敷衍了事

【活动拓展 2】 调查样本分析

表 1-9 和表 1-10 是某职业学校劳动教育课程开设的时间和学校（班级）组织过的劳动实践调查统计表。调查样本仅仅是某职业学院的学生，此次调研有效填写人次为 1334。就职业院校开展劳动教育课程，以及劳动教育与思政课程、专业课程融合等情况谈谈自己的看法和理解。

表 1-9 学校劳动教育课程开设的时间

选项	人数小计 / 人	比例
每周一节，按时上	402	30.13%
每周两节，按时上	193	14.47%
偶尔上	485	36.36%
从未上	254	19.04%

表 1-10 学校（班级）组织过的劳动实践

选项	人数小计 / 人	比例
打扫校内卫生	1155	86.58%
去学校的劳动实践基地劳动	413	30.96%
设计制作劳动教育手抄报	546	40.93%

（续）

选项	人数小计/人	比例
广播站、黑板报等宣传劳动模范	665	49.85%
设计服装，手工活动	325	24.36%
种植花草或农作物	343	25.71%
参观工厂劳动	267	20.01%
参加烹饪课	172	12.89%
其他	447	33.51%

表1-11和表1-12是某职业学校毕业后学生优先选择的工作和参加学校组织的劳动活动或者劳动实践的动机调查统计表。此次调研有效填写人次为1334。就职业院校学生劳动观及劳动动机等情况，谈谈自己的看法和理解。

表1-11　毕业后学生优先选择的工作

选项	人数小计/人	比例
体力工作	42	3.15%
生产工作	252	18.89%
行政管理工作	731	54.80%
销售业务工作	309	23.16%

表1-12　参加学校组织的劳动活动或者劳动实践的动机

选项	人数小计/人	比例
综测学分	324	24.29%
个人兴趣爱好	402	30.13%
个人身心发展	579	43.41%
奖学金	29	2.17%

【活动拓展3】 谈心得体会

面对寒暑假期，学校可安排一些防护知识、心理健康辅导等方面的内容进行网上学习，确保学生度过愉快的假期。如何用劳动让假期变得更有意义，请谈谈你的看法。

【活动拓展4】 社会实践活动探究

某校组织学生进行社会实践活动，电子班的同学对开车使用手机的违规驾驶行为和其他常见违规驾驶行为所导致的交通事故增长情况（与正常驾驶事故率5.2%的情况相比）进行抽样调查。调查结果如表1-13、表1-14所示。

表 1-13 开车使用手机的违规驾驶行为导致交通事故增长率

交通事故增长率	使用手机时间					
	30 秒		60 秒		90 秒	
开车速度	打电话	看（玩）手机	打电话	看（玩）手机	打电话	看（玩）手机
40 千米 / 小时	25%	33%	38%	71%	61%	112%
60 千米 / 小时	44%	52%	69%	98%	93%	152%
80 千米 / 小时	58%	73%	87%	141%	114%	201%

表 1-14 其他常见违规驾驶行为所导致的交通事故增长率

其他常见违规驾驶行为	司机与同行人聊天	醉酒驾驶	疲劳驾驶
交通事故增长率	85%	312%	303%

1. 根据表中调查结果，写出探究结果（至少两点）。
2. 为了避免驾驶时发生交通事故，请根据表中调查结果给司机提出三条合理化建议。

【活动拓展5】 创意剪纸

剪纸艺术是我国古老的民间艺术之一。我国历来有各种创意剪纸，如窗花、门笺、灯花等，深得人民群众的喜爱及赞美。学生在剪纸活动过程中，可尝试在基本剪纸技法基础上，加入创意想法，融入校徽、校训等学校元素或者职业元素，让传统的剪纸艺术在新时代焕发出新的生命力。

试一试：

1. 填写表 1-15，查找关于剪纸的文化内涵，设计剪纸的图案，并记录剪纸技巧。
2. 尝试用彩纸和剪刀等工具，完成一幅剪纸艺术作品。

表 1-15 创意剪纸

剪纸的文化内涵	剪纸的图案设计
1.	
2.	
3.	

剪纸的技巧：

模块二
劳动精神

导 语

　　没有劳动和劳动精神，就没有中华民族站起来、富起来到强起来的伟大飞跃。从第一辆汽车、第一颗卫星、第一颗原子弹，到第一次载人航天、第一架国产大飞机、第一次月球背面软着陆……标志着中国的创业创新之路，是亿万劳动者的智慧结晶。

第一节　劳动精神的内涵

一、劳动精神、劳动价值、劳动素养的概念

1. 劳动精神

劳动精神是指劳动者在劳动过程中所表现出来的劳动意识、精神状态，以及已经形成的劳动品质。劳动精神是广大劳动者的共同特性。在日常生活中，劳动精神的培养常常与向劳动者尤其是向劳动模范（简称劳模）的学习联系在一起。

2. 劳动价值

劳动价值是人的劳动能力的价值体现，由人在劳动过程中释放出来。

在教育情境中，劳动价值主要包含劳动的价值和劳动对教育的价值。劳动的价值是指劳动对人类生活的有用性及劳动的社会意义。劳动对教育的价值是指劳动对促进人的全面发展的教育意义。

3. 劳动素养

劳动素养是指经过生活和教育活动形成的与劳动有关的人的素养。

日本知名定制家具秋山木工创始人秋山利辉，制定了八年期的从学徒到工匠的人才培养制度，课程中除了包含作为一名工匠所需要的木工知识与技术之外，更多的是生活态度、心理素质方面的内容。秋山利辉在总结经验时说："我的时间95%花在教育人品上，只有5%花在教育木工技能上。"

二、新时代劳动精神的内涵

在不同的社会形态下，由于对劳动的理解不同，劳动精神的内涵也有差异。

新时代劳动精神的科学内涵包含两个方面，即思想认知方面和行动实践方面。新时代劳动精神在思想认知方面体现为崇尚劳动、尊重劳动、热爱劳动，懂得劳动最光荣、劳动最美丽、劳动最伟大的道理；在行动实践方面体现为辛勤劳动、诚实劳动和创造性劳动的要求。

新时代劳动精神的内涵如图 2-1 所示。

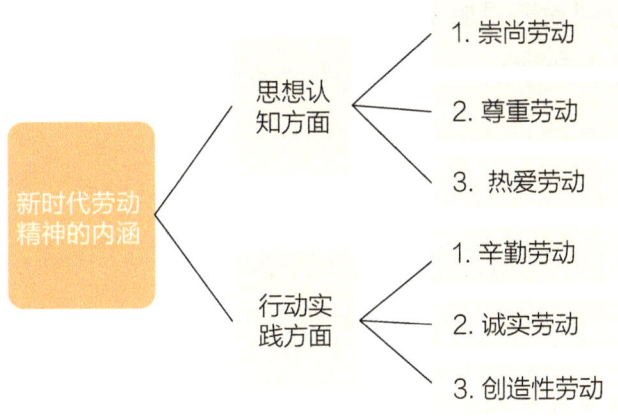

图 2-1　新时代劳动精神的内涵

（一）崇尚劳动、尊重劳动、热爱劳动

1. 崇尚劳动

崇尚劳动是一种劳动态度，即劳动分工无贵贱，劳动最光荣，劳动最崇高，劳动最伟大，劳动最美丽。

"功崇惟志，业广惟勤。""无论从事什么劳动，都要干一行、爱一行、钻一行。""中国特色社会主义事业大厦是靠一砖一瓦砌成的，人民的幸福是靠一点一滴创造得来的。"

劳动之美，不仅有轰轰烈烈、震撼眼球的"经济大手笔"，更有默默无闻、波澜不惊的"技术小奉献"。以平和的心境、任劳任怨的劳动心态，经营好小细节、小技术，发挥劳动者的"螺丝钉效应"，也是"微而著""小而实"的劳动之美。

孟广彬注册"雷锋号"小鞋摊，几十年如一日，用一针一线穿写出诚实守信的人生信条，以一个平凡劳动者的坚守，诠释了一名草根工匠的社会价值。

他的鞋摊旁有块小黑板，上面写着：鞋子穿坏请别愁，广彬为您解忧愁；生活之中互帮助，雷锋精神记心头。

2020年6月23日9时43分，我国在西昌卫星发射中心用长征三号乙运载火箭，成功发射北斗系统第五十五颗导航卫星，暨北斗三号最后一颗全球组网卫星。北斗导航系统是为全球用户提供全天候、全天时、高精度的定位、导航和授时服务的国家重要空间基础设施。参与研制的科研人员磨剑二十年，把梦想的天际线拓展至太空，再次彰显劳动的重大意义和重要价值。我们在新时代，只有大力弘扬和践行劳动精神，树立正确的劳动价值观，撸起袖子加油干，才能用辛勤汗水书写精彩人生、成就伟大梦想。

2. 尊重劳动

尊重劳动是一种对劳动的认识，是指人们把劳动作为人类的本质活动，作为创造财富和获得幸福的源泉，尊重一切有益于人民、造福于社会的劳动者及其劳动价值。

一切劳动无论是体力劳动还是脑力劳动，都值得尊重和鼓励；一切创造无论是个人创造还是集体创造，都值得尊重和鼓励。

民宿创业者向 3 人索赔清洁费用

3 名大学生 2023 年 9 月 5 日至 10 日入住一间民宿，离开后房间遗留大量垃圾。民宿创业者投诉到订房网平台向 3 人索赔，并将入住房间前后的对比图片发在网上。住后的房间犹如一个垃圾场，与入住前的整洁干净形成了鲜明的对比。

"仓廪实"之后，有人没有"知礼节"、没有"知荣辱"，这个现象真值得人们深思。

3. 热爱劳动

热爱劳动是一种劳动情感，即劳动者焕发劳动热情，积极投身于劳动，珍惜劳动成果，把劳动与实现自身价值紧密结合起来。

在 2019 年劳动节的表彰名单中，有在火箭总装一线奋战 30 余年的崔蕴，还有秉持"第一次就把事情做好"的理念、平均年龄只有 32 岁的动车组装班；有深耕高端数控机床研发、"代表中国冲击世界一流"的女设计师盖立亚，还有执着于探索金融精准扶贫模式的"金领"李二国。他们是创业者，是实干家，最大限度地展现了劳动的荣光与价值。

王建清，东风商用车有限公司车辆工厂"王涛班"班长。王建清全国两会寄语："劳动创造价值，学习成就未来！"

（二）辛勤劳动、诚实劳动和创造性劳动

1. 辛勤劳动

辛勤劳动是指勤奋敬业、埋头苦干，是劳动者应有的基本素养，是诚实劳动、创造性劳动的基础和保障。

我们每天的衣食住行，都离不开劳动。从复兴号到大飞机，从移动支付到共享单车，从"中国制造"到物联网、大数据、云计算等新技术，从空天领域、海工领域到芯片、人工智能等尖端领域，这一系列成就都离不开广大劳动者的辛勤劳动。

"以辛勤劳动为荣，以好逸恶劳为耻。"只要我们用勤劳的双手去工作、去奋斗，那么，一定能创造出美好生活！

2. 诚实劳动

诚实劳动是指脚踏实地、恪尽职守，遵守法律法规和政策，遵循职业道德规范和工作

标准，实事求是地认识和对待劳动过程和劳动成果，是辛勤劳动的升华，也是创造性劳动的前提。

今天的我们，习惯了动动手指外卖送来，使用语音指令控制机器人擦地。那么，劳动离我们已经远了吗？不是的。虽然产业结构变化、社会分工细化，但劳动仍是创造价值的源泉，是财富的源泉，是幸福的源泉。

人世间的美好梦想，只有通过诚实劳动才能实现；发展中的各种难题，只有通过诚实劳动才能破解；生命里的一切辉煌，只有通过诚实劳动才能铸就。

"空谈误国，实干兴邦"，实干首先就是要脚踏实地。潍柴动力股份有限公司一号工厂首席技师王树军，从"小王"到"王师傅"再到"王工匠"，用数十年修炼内功，在很多专业领域打破了国外技术封锁，填补了国内技术空白；中建七局总承包公司砌筑工人许纪平，立志在建筑工地学一门手艺，从砌一般墙体的工匠到能砌各种造型的多面手，每天的砌砖数量高达 4000 多块；中国航天科技集团的工程师崔蕴，从一名普通的火箭装配工成长为国家级技能大师……劳动是一切成功的"地基"。

医护人员恪尽职守，为我们筑起疫情的防护墙，是危难时刻的"最美逆行者"。图 2-2 所示为众志成城、抗击疫情的白衣天使。

  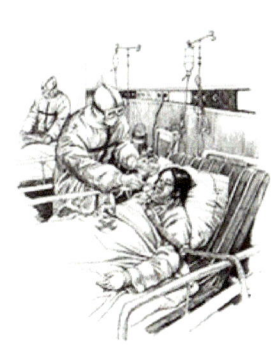 

"请战书" 　　　　　奔赴抗疫前线 　　　充满爱心地照料患者 　　饿了吃方便面，累了趴桌上休息

图 2-2　众志成城、抗击疫情的白衣天使

致敬，最美逆行者！

当灾难来临时，他们是人民群众的生命希望；他们的身影总是出现在人民最需要、最危险的地方；他们不仅与火魔搏斗，还与各种自然灾害作斗争；他们发扬特别能吃苦、特别能战斗、特别能奉献的优良作风，面对困难和危险，他们无所畏惧、勇往直前；他们匆忙而坚定的背影，留给人们的是心灵最深处的震撼和感动。他们，就是护卫人民生命和财产安全的

消防官兵。

在实景模拟训练时，消防官兵穿上厚厚的消防服，扛着笨重的装备，穿梭于模拟火灾的训练大楼之中。平时多流汗、战时少流血的信念支撑他们日复一日坚持训练，这是消防官兵的真实写照。面对一次次危险，他们没有丝毫畏惧，毅然用自己的血肉之躯，筑起了一道保卫人民生命、财产安全的坚固防线。

当一辆载有21吨液化天然气的槽罐车侧翻在隧道里，面对随时可能爆炸的险情，消防官兵迅速集结。4小时内，80余名消防官兵、13台消防车集结，4台专业吊车、30余名救援专家在第一时间赶到。从紧急疏散群众到专家现场评估分析，消防战士逆行在疏散的人潮中，进入隧道谨慎参与车辆的转移工作。经过连续40小时的生死竞速，危险终于得以彻底排除，最后撤离现场的，是他们。

当受到连续的暴雨和上游泄洪的影响，汛情紧张时，消防官兵前来支援。扛砂石、堵管涌、垒子堤，他们从火场出来，又冲锋在防汛抢险一线。在人员被困时，消防官兵更是凭借坚强意志和良好的体能与心理素质，拉着冲锋舟渡漩涡，营救被困人员。

面对大大小小急难险重的任务，消防官兵始终发扬铁军精神，危难之处大显身手，护卫人民群众生命、财产安全。

火场就是战场，火警响起时，正是他们发起冲锋的时刻。哪里有危险，他们就赶赴哪里；哪里有需要，他们就出现在哪里。

"人间万事出艰辛。越是美好的未来，越需要我们付出艰辛努力。"越是特殊时期，越需要劳动精神的滋养和支撑。

3. 创造性劳动

创造性劳动是指敢闯敢试、开拓创新，体现了体力劳动和脑力劳动、简单劳动和复杂劳动的结合，是辛勤劳动、诚实劳动的发展。

尊重劳动者的首创精神，在全社会形成劳动光荣、知识崇高、人才宝贵、创造伟大的价值导向，让一切劳动与创新的活力竞相迸发，让一切创造社会财富的源泉充分涌流。

我国经济从高速增长进入高质量发展阶段，需要更多知识型、技能型、创新型劳动者，也为劳动者、奋斗者实现人生出彩提供了广阔舞台。

全国五一劳动奖章获得者孙丽大胆运用新技术和新设计理念，创造性地采用超大型履带起重机模块化、集成化设计技术，让中国徐工创造出了能一次性吊起60辆M1主战坦克的4000吨级履带起重机XGC88000，将我国的起重机设计技术提升到能与国际品牌同台竞技的水平。

全国技术能手、全国最美职工孙云毅经过多年的潜心学习和创新创作，凭借着努力和坚持，通过不断地摸索实践，系统改良了名贵料器鸡油黄、鸡肝石的技术和配方规范，使鸡油黄制作及基于此的琉璃浮雕加工工艺得到了保护、继承和发展，大幅度提高了成品率及产品颜色的纯正度。

我国在企业、学校等单位普遍建立技能人才（劳模、工匠）创新工作室，对劳动竞赛中涌现的"技术比武能手""技能大赛状元"等竞赛优胜者，都要按规定技术等级，给予相应的物质奖励，并优先推荐评选各级劳动模范、五一劳动奖章等。这一切都是对创造性劳动价值的尊重，也是对创造性劳动的弘扬。

劳动技能
给室内环境消毒

给室内环境消毒

支原体肺炎等呼吸道传染病主要通过咳嗽、喷嚏等飞沫传播，传染性强，尤以秋冬季高发。消毒作为切断传播途径的有效方式，是防控传染病的重要手段，应科学、适度地开展居家消毒，保护家人的健康。居家常用的消毒方法如图2-3所示。

   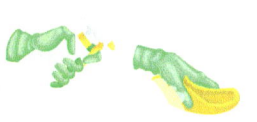 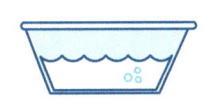

1. 开窗通风　　2. 紫外线灯照射　　3. 酒精喷洒擦拭　　4. 消毒剂擦拭　　5. 消毒剂浸泡

图 2-3　居家常用的消毒方法

步骤1：室内空气消毒

以开窗通风为主，保持室内空气流通，根据天气情况每日通风2~3次，每次不少于30分钟，适宜天气条件下可持续性开窗通风。通风条件不良时，可采用机械通风或者循环风式空气消毒机进行空气消毒。如出现病人时，应加强通风，有条件的也可选择紫外线灯、空气消毒机等对空气进行消毒，注意紫外线灯不得在有人条件下使用。

步骤2：玩具、门把手、桌面、家具等表面消毒

1）经常触碰的环境、物体表面，应做好清洁，可用500mg/L的含氯消毒液或其他可用于表面消毒的消毒剂擦拭消毒。用抹布沾取上述消毒液擦拭消毒。作用时间为15~30分钟，然后用清水擦拭干净。

2）手机、鼠标、键盘等小件物品可使用75%酒精湿巾擦拭消毒。

3）如出现病人时，可用1000mg/L的含氯消毒液，对可能被污染的表面进行消毒，作用时间为30分钟，然后用清水擦拭干净。

步骤 3：毛巾、衣物等织物消毒

以清洗为主，可用 250mg/L 的含氯消毒液或其他可用于织物消毒的消毒剂浸泡消毒。将织物完全浸泡入消毒液中。作用时间为 15 分钟，然后按照常规清洗。如出现病人时，可用 500mg/L 的含氯消毒液浸泡消毒 30 分钟。

注意事项

1）科学适度消毒，按照消毒产品说明书规范使用，避免过度消毒。

2）在实施消毒时，应在无人条件下进行，通风后再进入房间。

3）消毒剂有一定的刺激性，配制及使用时应注意个人防护，佩戴口罩、手套等。

4）含氯消毒剂有一定的腐蚀性，注意消毒后用清水擦拭去除残留，防止对居家物品造成损坏。

第二节　弘扬和践行劳动精神

2018年9月10日，习近平总书记在全国教育大会上强调，要在学生中弘扬劳动精神，教育引导学生崇尚劳动、尊重劳动，懂得劳动最光荣、劳动最崇高、劳动最伟大、劳动最美丽的道理，长大后能够辛勤劳动、诚实劳动、创造性劳动。

一、向"最美职工"学习，弘扬和践行劳动精神

时敬龙、詹春珮、孔德年、檀世旺、王庆安、蒲玉、李春喜、程恩虎、张桂容9名全国五一劳动奖章获得者光荣入选2024年"最美职工"。他们坚持以习近平新时代中国特色社会主义思想为指导，诚实劳动、勤勉敬业、敢为人先、争创一流，有的积极投身国产汽车品牌关键技术研发，有的坚守海上一线巡航执法，有的运用大数据赋能侦查破案，有的扎根乡镇风雨无阻地服务乡亲，有的深入田间地头助力农业技术推广，有的立足岗位倾注真情用心服务，有的牢记嘱托倾心守护洱海清波，有的不畏艰难向险而行护佑平安，有的服务体贴热心公益成为"金牌司机"……他们以饱满的热情、顽强的奋斗、智慧的创造在平凡岗位中创造了不凡业绩，生动展现了新时代工人阶级的精神风貌。

向"最美职工"学习

1. 时敬龙：攻坚克难，突破创新，诠释工匠精神

在J7创领版CA6DV1发动机的自主开发项目中，时敬龙和其团队承担了在缸盖上加工多个孔的艰巨任务。这些孔用于对缸盖内部温度进行精准测量，其加工精度对于发动机试验起着至关重要的作用。任务的难点在于：一方面，孔的直径要如同"绣花针"一般粗细，并且需要贯穿整个缸盖；另一方面，孔在缸盖内部需要贯穿多个侧壁，在加工过程中极易出现折刀现象并且损坏缸盖。

时间紧、任务重，为了解决加工中出现的技术难题，同时需要确保项目试验节点不被延

误，时敬龙和其团队日夜攻关编程、工艺以及实操验证，经历了上百次反复试验，终于成功开发如"超深腔异形阶梯孔修形技术"等7种先进的操作方法，最终攻克了缸盖无损加工的技术难题，为J7创领版新车的顺利投产奠定了坚实的基础。

2. 王庆安：小岗位大使命，勇担当有作为

在获嘉县工作的33年中，王庆安有2/3的时间都行走在庄稼地里。久而久之，他与数百名农民交换了联系方式，好让农民们一遇到庄稼问题就能找到他。

为了提高农技推广服务水平，王庆安在田间小路上奔走，熟悉了全县土地的特性。每当接到农业技术方面的咨询电话，他总是第一时间赶到现场，仔细了解各种农田管理措施，分析出现症状的根源，拿出解决问题的办法。

"在农业技术推广岗位上，我有责任使脚下的土地成为丰收的沃土，结出累累硕果。"这是河南省新乡市获嘉县农业农村局土肥站站长王庆安写在工作日记里的一句话。

二、向时代楷模学习，践行劳动精神

"最美教师""最美司机""最美卫士"，都是时代楷模。向时代楷模学习，就是要学习他们立足本职、扎实工作的职业精神。他们的"美"是对劳动精神的生动诠释，是我国社会思想道德的主流。

八步沙林场地处河西走廊东端、腾格里沙漠南缘的甘肃省武威市古浪县。20世纪80年代初，郭朝明、贺发林、石满、罗元奎、程海、张润元6位村民，义无反顾地挺进八步沙，以联产承包形式组建集体林场，承包治理7.5万亩（1亩约666.7平方米）流沙。38年来，以"六老汉"为代表的八步沙林场三代职工，矢志不渝、拼搏奉献、科学治沙、绿色发展，持之以恒地推进治沙造林事业，完成治沙造林21.7万亩，管护封沙育林草面积37.6万亩，以愚公移山的精神生动书写了从"沙逼人退"到"绿进沙退"的绿色篇章，用生命与汗水，铸就了一道无比坚实的生态屏障。

向时代楷模学习

张丽莉、吴斌、高铁成、杜富国等时代楷模，虽是普普通通的劳动者，但他们爱岗敬业、恪尽职守，满腔热情地投入工作，把工作岗位作为实现人生价值的舞台。张丽莉全身心投入教书育人的岗位，在车祸瞬间保护自己的学生，诠释了对教育事业的忠诚和热爱；吴斌连续十多年安全行驶一百多万公里，在遭受突如其来的重创后，用生命履行了自己的工作职责；高铁成三次勇闯火海，以大无畏的牺牲精神展示了当代革命军人的风采；杜富国随队参

加排雷作业时，危急时刻冲锋在前，为保护战友身受重伤，失去双眼和双手。

陈俊武是中国科学院院士。他心有大我、至诚报国，新中国成立之初就投身于党和人民的事业中，与共和国同成长、共奋进，为新中国石化工业不懈奋斗70多年。他敢为人先、勇于攀登，推动催化裂化技术从无到有、从弱到强，为炼油工业进步做出开创性的贡献，进入耄耋之年，他仍然奋战在科研一线。他淡泊名利、甘为人梯，为国家培养了一大批高水平石化专家，资助了多名贫困学生和优秀青年。

南仁东是我国著名天文学家，是国家重大科技基础设施建设项目——"中国天眼"500米口径球面射电望远镜（FAST）工程的发起者和奠基人。他主导提出利用中国贵州省喀斯特洼地作为望远镜台址，从论证立项到选址建设历时22年，主持攻克了一系列技术难题，为FAST重大科学工程的顺利落成发挥了关键作用，做出了重要贡献。他不计个人名利得失，长期默默无闻地奉献在科研工作第一线，与全体工程团队一起通过不懈努力，迈过重重难关，实现了我国拥有世界一流水平望远镜的梦想。南仁东是勇担民族复兴大任的"天眼"巨匠，体现了淡泊名利、忘我奉献的高尚情操和真诚质朴、精益求精的杰出品格。

营养与烹饪

根据《中国居民膳食指南（2022）》，平衡膳食准则有8条。平衡膳食如图2-4所示。

图2-4 平衡膳食

准则1：食物多样，合理搭配

1）坚持谷类为主的平衡膳食模式，每天的膳食应包括谷薯类、蔬菜水果、畜禽鱼蛋奶和豆类食物。

2）每天摄入谷类食物200~300g（其中包含全谷物和杂豆类50~150g），薯类50~100g。

准则 2：吃动平衡，健康体重

1）保持健康体重，坚持日常身体活动，每周至少进行 5 天中等强度身体运动，累计 150 分钟以上；主动身体活动最好每天 6000 步。

2）适当进行高强度有氧运动，加强抗阻运动，每周 2~3 天。

准则 3：多吃蔬果、奶类全谷、大豆

1）餐餐有蔬菜，保证每天摄入不少于 300g 的新鲜蔬菜，深色蔬菜应占 1/2。

2）天天吃水果，保证每天摄入 200~350g 的新鲜水果，果汁不能代替鲜果。

3）吃各种各样的奶制品，摄入量相当于每天 300ml 以上液态奶。

准则 4：适量吃鱼、禽、蛋、瘦肉

1）鱼、禽、蛋类和瘦肉摄入要适量，平均每天 120~200g。

2）每周最好吃鱼 2 次或 300~500g，蛋类 300~350g，畜禽肉 300~500g。

3）优先选择鱼，少吃肥肉、烟熏和腌制肉制品。少吃深加工肉制品。

准则 5：少盐少油，控糖烟酒

1）成年人每天摄入食盐不超过 5g，烹调油 25~30g。

2）控制添加糖的摄入量，每天不超过 50g，最好控制在 25g 以下。

3）反式脂肪酸每天摄入量不超过 2g。

4）不喝或少喝含糖饮料。成年人如饮酒，一天饮用的酒精量不超过 15g。

准则 6：规律进餐，足量饮水

1）安排一日三餐，定时定量。

2）规律进餐、饮食适度，不暴饮暴食、不偏食挑食、不过度节食。

3）足量饮水，少量多次。在温和气候条件下，低身体活动水平成年男性每天喝水 1700ml，成年女性每天喝水 1500ml。

准则 7：会烹会选，会看标签

1）在生命的各个阶段都应做好健康膳食规划。认识食物，选择新鲜的、营养素密度高的食物。

2）学会阅读食品标签，合理选择预包装食品。

3）学习烹饪、传承传统饮食，享受食物天然美味。

4）在外就餐，不忘适量与平衡。

准则 8：公筷分餐，拒绝浪费

1）选择新鲜卫生的食物，不食用野生动物。

2）食物制备生熟分开，熟食二次加热要热透。

3）讲究卫生，从分餐公筷做起。

4）珍惜食物，按需备餐，提倡分餐不浪费。

5）做可持续食物系统发展的践行者。

在日常生活中，平衡膳食，注重食物搭配，掌握食物烹饪的技能，能帮我们保持健康的身体状态。下面以番茄炒鸡蛋和葱油拌面的烹饪为例，掌握烹饪的劳动技能。

蔬菜品种颇多，有茄果类、叶菜类、根菜类、豆荚类、食用菌类、花菜类、水生菜类、海洋蔬菜等。每种蔬菜都有自己的优点，但一种蔬菜不能代替多种蔬菜的好处。烹饪时应注意品种多加变换。蔬菜的烹饪步骤是先洗，再切，旺火快炒，先炒后盐。番茄炒鸡蛋的材料及制作步骤如图 2-5 所示。

图 2-5　番茄炒鸡蛋的材料及制作步骤

步骤1：番茄洗净，在顶部用刀划十字切口，开水烫1分钟左右捞出去皮，切成小块。

步骤2：鸡蛋打散，放小勺盐，起锅烧油，鸡蛋炒至定型后控油捞出备用。

步骤3：锅中加油，放入葱花炒香后，加入番茄翻炒出汁，加入1勺生抽、1勺白糖和适量盐，再倒入鸡蛋翻炒，均匀撒上葱花。

葱油拌面的材料及制作步骤如图 2-6 所示。

图 2-6　葱油拌面的材料及制作步骤

步骤1：葱洗净，沥干水分后切成段备用。生抽、老抽和白糖混合搅拌均匀备用。

步骤2：锅中加入食用油，油温升高后放入切好的葱段，小火炸至焦黄。倒入调料汁，搅拌至白糖融化即可。

步骤3：鲜面煮好后过冷水。淋上葱油后搅拌，撒上芝麻即可享用。

《劳动铸就中国梦》

该片以多种艺术手法，深入阐释"劳动是人类的本质活动，劳动光荣、创造伟大是人类文明进步规律"的深刻道理，从"劳动改变命运""劳动创造财富""劳动点亮智慧""劳动提升品质""劳动缔造幸福""劳动彰显国魂"六个侧面，精心选取了典型的优秀劳动者进行介绍。那一个个感人的故事，就是真正精彩的"中国故事"。

抄表工王炳益、护士长王克荣、中学美术教师王伟涛……他们在不同的岗位上，充分展示了基层劳动者的风采。他们无私、尽责、勤奋，只要一走上工作岗位，他们就全身心地投入。祖国，正是因为有无数像他们一样朴实无华的劳动者，各项事业才能蒸蒸日上。

这些故事集中体现了劳动者的巨大能量。餐厅经理冉志平原来只是个传菜工，但他用自己的勤奋和真诚，换来了尊重与价值；中化东方储运员虞纪春的"做储运，先做人；人品佳，无不欢"并非空洞的口号，而是实实在在地成就了他20年成功保持码头安全无事故记录的卓越；安哥拉中国建设者，80后女孩李慧星以自己的智慧与勇气，在中安两国人民心中架起了一座友谊的桥梁……正是因为祖国有无数这样在自己的岗位上付出汗水和智慧的劳动者创造的一个个奇迹，改革开放的步伐才如此矫健而沉稳。

图2-7所示为《劳动铸就中国梦》剧照。

图2-7 《劳动铸就中国梦》剧照

【活动拓展1】 看《劳动铸就中国梦》视频

农民的耕耘、工人的车床、科技工作者的实验数据、从城市来到高原的新能源工作者的坚守……一个个看似简单平凡的劳动场景，铸就了实现"中国梦"的基石。

《劳动铸就中国梦》在央视播出后，社会反响热烈。这部政论片以习近平总书记关于劳动的系列重要讲话精神为指导，歌颂了劳动者，弘扬了诚实劳动的社会正气。

看《劳动铸就中国梦》视频，谈谈你的想法。

【活动拓展2】 撰写演讲稿

"民生在勤，勤则不匮"，劳动是财富的源泉，也是幸福的源泉。"夙兴夜寐，洒扫庭内"，热爱劳动是中华民族的优秀传统，绵延至今。但是在现实生活中，有一些同学不理解劳动，不愿意劳动。有的同学说："我们学习这么忙，劳动太占时间了！"有的同学说："科技进步这么快，劳动的事，以后可以交给人工智能啊！"也有的同学说："劳动这么苦，这么累，为什么非得自己干？花点钱让别人去做好了！"此外，我们身边还有一些不尊重劳动的现象。

请结合材料内容，写一篇演讲稿，倡议大家"热爱劳动，从我做起"。

【活动拓展3】 劳动精神的启示

四川甘孜藏族自治州有一条往返1208公里、平均海拔3500米以上的雪线邮路，它是沟通藏区与内地的邮政主动脉，将党中央的声音和各种邮件通过邮车送上雪域高原。

邮车驾驶员其美多吉秉持"人在，邮件在"的敬业精神，凭借精湛的驾驶技术和丰富的出车经验，克服缺氧、"风搅雪"、孤寂等困难，驾驶邮车奔驰在白雪皑皑的"生命禁区"，服务藏区30年，未发生一次责任事故，给雪域高原的人们带去美好生活的希望，"我只是一名普普通通的邮车驾驶员，但看到老百姓拆包裹的样子，心里就开心。"2018年，其美多吉带领班组的康巴汉子们安全行驶62.49万公里，向西藏运送邮件41万件，运送省内邮件37万件。他们用奉献、忠诚与生命铸就了爱岗敬业、顽强拼搏的雪线邮路精神。2018年，其美多吉所在的康定—德格邮路被交通运输部命名为"其美多吉雪线邮路"。其美多吉被评为"感动中国2018年度人物"和2019年"时代楷模"。

思考：

1）以其美多吉为代表的雪线邮路劳动者的事迹，生动诠释了"千千万万的劳动者是美好生活的创造者、守护者"的道理，运用自己所学的知识加以说明。

2）谈谈其美多吉先进事迹对我们培育和践行爱岗敬业的劳动精神的启示。

【活动拓展4】 劳动精神研讨

美好生活靠劳动创造，广大劳动者无论从事什么职业，都要勤于学习，在工作上兢兢业业，精益求精，努力在平凡岗位上干出不平凡的业绩。要在全社会大力弘扬劳动精神，提倡通过诚实劳动来实现人生的梦想，改变自己的命运，反对一切不劳而获、投机取巧、贪图享乐的思想。

最近，某班同学准备围绕劳动精神举行一次研讨活动，请你参与进来，和他们一起完成下列任务：

1）请你为此次研讨活动设计一个合适的主题。

2）当今时代，如何理解我们要通过劳动来实现人生梦想？

3）为弘扬劳动精神，请向同龄人发出倡议。

4）在你心里，什么是劳动精神？是在平凡的岗位上兢兢业业、恪尽职守，是刻苦钻研、苦练本领，抑或是挑战未知、不断创新……今天，在全班同学中开展"弘扬劳动精神、追梦新时代"文章、短视频的征集活动。

文章、短视频的要求：题目自拟，观点正确，立意新颖，主题可围绕"劳动精神是什么""我心中的劳动者""劳动者手记"等。征文体裁不限，字数1000字以内。短视频时长在3分钟以内，视频格式为MP4，视频分辨率不低于720×576。

作品只需要提交电子版，发至教师邮箱，文件名按"文章+标题+作者""短视频+标题+作者"的格式。

【活动拓展5】 五一劳动节的由来

我们从小就知道劳动最光荣，五一劳动节也称"五一国际劳动节"，但是你们知道五一劳动节的由来吗？

农民、工人、知识分子……各行各业的劳动者（图2-8），是人类物质财富和精神财富的创造者，是幸福生活的缔造者。没有他们的劳动，就没有我们幸福的生活，也没有社会的进步和发展。请以"伟大的劳动者"为题，拍摄劳动者辛勤劳动的照片。

图2-8 劳动者

模块三
劳模精神

导 语

　　新中国成立以来,我国涌现出众多劳动模范,灿若群星。他们用勤劳的双手和聪明才智,创造了巨大的物质财富和精神财富,推动了社会进步,影响了一代又一代人。

　　劳模是当之无愧的"时代领跑者",劳模就是旗帜,劳模就是火炬,劳模就是标杆,劳模就是品牌,劳模就是导向,劳模就是珍贵的精神财富,能够引导全社会的劳动者热爱劳动,创造更多的社会财富。劳模凝聚着时代精神。

第一节　劳模精神的内涵

劳模精神折射出一个时代的人文精神，反映出一个民族在某一个时代的人生价值和思想道德取向。它简洁而深刻地展示着一个时代的人文精神的演进与发展，它凝重而浪漫地体现着一个民族的思想与情愫。

劳模所体现出来的人文精神，代表着一个时代的价值观、道德观和精神风貌，展示了中华民族顽强拼搏、自强不息的崇高品格，体现了中华民族能够与时俱进、开拓创新的精神风貌。

一、劳动模范和劳模精神

1. 劳动模范

劳动模范，即劳模，是指在社会主义建设事业中成绩卓著的劳动者，经职工民主评选，有关部门审核和政府审批后被授予的荣誉称号。

"劳"，表示劳动，这是劳模的基本前提。"模"，体现了一种"示范"和"楷模"的价值导向，一种可近、可亲、可信、可学的榜样作用。"劳模"，意味着"先进"，是人民授予生产建设中先进人物的一种崇高称号，以表彰在劳动中有显著成绩或重大奉献的可以作为榜样的人。

2. 劳模精神

劳模是劳动者的模范和榜样，劳模精神是劳动群体先进性的高度浓缩。劳动是劳模精神的基石，劳动者是劳模精神的主体。在国家建设发展中，劳模是各行各业的杰出代表。他们身上体现着社会对某一类劳动方式、劳动精神的最高评价。劳模是适应国家和时代的发展而产生的，是最美的劳动者，是民族的精英、国家的栋梁、社会的中坚、人民的楷模，是党和国家的宝贵财富。

在革命战争年代，"边区工人的旗帜"赵占魁、"兵工事业开拓者"吴运铎、"新劳动运动旗手"甄荣典等劳动模范，以新的劳动态度对待新的劳动，积极参加义务劳动，全力支援前线斗争，带动群众投身于中国共产党领导的人民解放事业。新中国成立后，"高炉卫士"

孟泰、"铁人"王进喜、"两弹元勋"邓稼先、"知识分子的杰出代表"蒋筑英、"宁愿一人脏，换来万家洁"的时传祥等一大批先进模范，响应党的号召，带动广大群众自力更生、奋发图强。改革开放时期则涌现出"蓝领专家"孔祥瑞、"金牌工人"窦铁成、"新时期铁人"王启明、"新时代雷锋"徐虎、"知识工人"邓建军、"马班邮路"王顺友、"白衣圣人"吴登云、"中国航空发动机之父"吴大观等一大批劳动模范和先进工作者。

二、劳模精神的内涵

一代人有一代人的使命。虽然劳动的内涵在更新，劳模的标准在"进阶"，但"爱岗敬业、争创一流，艰苦奋斗、勇于创新，淡泊名利、甘于奉献"的劳模精神始终不变。这些集中体现了中华民族的先进思想和精神风貌。

劳模精神的基本内涵如图 3-1 所示。

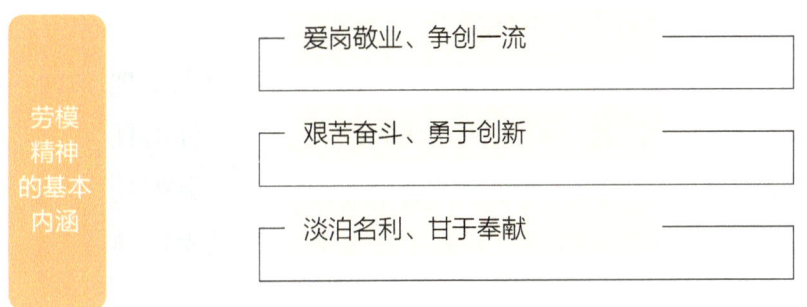

图 3-1　劳模精神的基本内涵

（一）爱岗敬业、争创一流是劳模精神的本质特征

中华全国总工会主席王东明在 2019 年庆祝"五一"国际劳动节暨全国五一劳动奖和全国工人先锋号表彰大会上的讲话指出："要爱岗敬业、拼搏奉献，为实现中国梦努力奋斗。奋斗创造历史，实干成就伟业。回首过去，共和国 70 年辉煌，工人阶级风雨兼程、奋勇当先、砥砺前行。"

1. 爱岗敬业，在工作中实现人生价值

没有平凡的岗位，每一个岗位都是展示才华的舞台，卓越还是平庸，完全由劳动者的工作态度决定。对我们每个人来说，敬业是一种积极向上的人生态度，是我们应具备的职业素质，也是我们成长和成功的基本要素。众多的劳模以高度的责任心投入工作之中，他们为此做出了扎实的业绩，赢得了他人的信服和敬重，也用实际行动证明了自己是企业和社会的主人。他们垂范后世当如何面对自己的灵魂，该怎样担当起管理这个世界的使命。他们所赢得

的一切荣誉和自豪感都是以责任意识做保障的，以奉献精神为升华的。他们在工作中实现了人生的价值！

廖明是北京地铁运营三分公司一名普通的电动列车司机，一直秉承着"安全行车无小事"和"运营1分钟，安全60秒"的理念。2016年3月17日上午，驾驶着地铁13号线列车平稳驶入西直门站，廖明实现了自己多年的夙愿——安全行车100万公里，也成为当时全国城市轨道交通安全运营里程最长的人。

多年的工作积累换来了丰硕的成果。2009年廖明获得了北京地铁公司电动列车司机最高荣誉——"金手柄"奖，2012年被全总海员建设工会和全国城市轨道交通企业工会联委会授予"列车先锋"先进个人称号，2013年被北京市总工会授予"首都劳动奖章"。

这些荣誉的取得，来自他多年来爱岗敬业、干一行钻一行的工作作风，来自他脚踏实地、虚心学习的工作态度。

廖明总是说："作为一名优秀的地铁司机，必须要有过硬的技术本领、熟练的业务知识、全面的应变能力，这样才能为干好本职工作打下坚实的基础。"他刚参加工作时，思想上也曾有过波动，自己当时最高的理想是上大学，却因各种机缘上了地铁技校，从事了地铁司机的职业。但是，来到地铁后，老一辈地铁人认真学习技术、任劳任怨、埋头苦干的工作作风不断感染着他、鼓舞着他。经过认真思考，廖明暗下决心，既然从事了这一职业，今后就要多向有经验的前辈虚心学习专业知识，踏踏实实工作，传承老一辈地铁人吃苦耐劳、不畏困难的作风。很快，在运用车之间，经常看到一个手拿检点锤，随身带小本子的年轻人，以便遇到车辆问题随时记录，及时向老师傅请教，而手拿检点锤是为了随时到停车库，检查车上安装的各种机械部件的牢靠度。经过刻苦学习，廖明很快把DK16A型车的各种电路图记在心中，做到随时能够画出电路图。

廖明在工作中不断虚心向他人求教，无论是资深的高级技师，还是普通的年轻学员。为了提高业务水平，除了干好本职工作外，他还主动利用自己的休息时间参与检修车间的一些维修工作。在检修车间里，经常看到他与检修工人一同研究列车故障原因，探讨改进措施。对于车上零件的更换，他也总能根据零件的实际工作情况提出自己的见解。通过不断的努力学习，廖明于1999年成为北京地铁的高级工。

伴着星光开始为第一班列车检查线路，踏着月光匆匆归来已经成了廖明的工作常态。廖明总用一句话告诫身边的同事，作为一名合格的司机，必须做到人车合一。即列车是我身体的一部分，我也是列车的一个部件。廖明用实际行动诠释了这一理念，也用实际行动为我们树立了榜样。

2.爱岗敬业，立足平凡

"实现中华民族伟大复兴的中国梦，要靠各行各业人们的辛勤劳动"，需要各行各业的劳动者树立"爱岗敬业、争创一流"的劳动态度。

全国劳模许启金几十年如一日，长期在野外巡线，登高作业，带电检修，在2100公里输电线路上往来穿梭，始终如一；"百炼成金"，他终于从一名高压线带电检修工人变身为"状元级别"的技术领头人。他拥有7项国家专利、18个创新项目、一支精英团队，消除3000多处安全隐患……他凭借着"干一行，爱一行，钻一行"的热忱，立足平凡的岗位，干出了不平凡的业绩。

浙江省劳动模范吴斌在突遭重创时临危不乱，强忍剧痛将车停稳，用生命践行了忠于职守的职业观，被人们誉为"最美司机"。劳动模范郭明义每天凌晨四点半起床，提前2小时上班，穿梭在40多公里的矿山作业面，步行至少10公里。

"道虽迩，不行不至；事虽小，不为不成。"追梦需要勇气，圆梦需要行动。

劳动模范是中国梦的领跑人，他们用自身模范行为带动广大群众立足本职、尽职尽责，在平凡的工作岗位上做出不平凡的业绩，打牢实现中国梦的坚实根基。

（二）艰苦奋斗、勇于创新是劳模精神的品质体现

"艰苦奋斗"就是为了达到目的或实现目标，面对恶劣的条件，劳动者充分运用体力和智力克服各种困难，不断奋勇前进。

"创新"是指在现有条件和思维模式下，突破旧思想、旧观念、旧理论、旧制度和旧做法，为了达到理想的目标提出新思想、新观念、新理论、新制度和新做法。

1. 艰苦奋斗、坚守岗位讲奉献

"最美职工"石登高认为，脱贫攻坚不仅是工作，更是要艰苦奋斗、坚守岗位，讲奉献。

自2017年3月石登高担任湖南湘西土家族苗族自治州花垣县双龙镇十八洞村驻村扶贫工作队队长以来，他始终战斗在扶贫攻坚第一线，积极探索"可复制、可推广"的十八洞村精准扶贫模式。

曾经的十八洞村人均耕地面积仅0.83亩，村里没有多少产业，集体经济几乎也是空白。石登高因地制宜发展产业，形成了乡村游、黄桃、猕猴桃、苗绣、劳务输出、山泉水等"旅游+"产业体系。

2018年，全村人均纯收入由2016年的8313元增加到12128元，集体经济收入从2016年的7.5万元增加到53.68万元，精准扶贫成果进一步巩固，十八洞村村民昂首阔步地向小康迈进。

2. 担当奉献，创新为本

倡导奉献精神，旨在唤醒人们心底的勤勉、善良和友爱。构筑美好社会，离不开每个人的努力，每个人都应该从我做起，在各自的岗位上恪尽职守、兢兢业业。成长就是要不断进

取、永远不满足于现状。企业和个人都如行驶在逆流之中的一叶扁舟，不努力向前就会被时代的浪潮席卷，倾覆在滚滚洪流之中。不断地成长就是要不断地充实自我，更新自我。改变是应对社会变化最好的办法，如果我们能随着社会的变化而变化，我们将赢得生存的主动；如果我们能预测变化而提前做出改变，我们将成为时代的领导者。

黄金娟，几十年如一日，默默坚守、无私奉献，在小专业中干出了令人瞩目的大成就。她牵头创建电能表智能化计量检定作业工法，实现了电力计量检定技术的跨越式发展，革新了作业模式，推动了我国计量检定技术的整体进步，受到了国内外专家同行的高度认可。她先后获评浙江省五一劳动奖章、浙江省五一巾帼标兵、浙江工匠、国家电网有限公司特等劳动模范、国家电网有限公司技术创新突出贡献者等荣誉称号，一步步成长为电力行业兼具高超技术水平和模范影响力的典型标杆。

中国航天事业从无到有，从弱到强，不断发展壮大，取得了以人造卫星、载人航天、月球探测为代表的一系列辉煌成就，这与一代代航天工作者的付出分不开，中国航天科工集团先后涌现出很多全国劳动模范，包括"两弹一星"元勋、扎根一线的院士、技能超群的工人发明家。

20世纪60年代以来，全国劳动模范袁隆平院士使中国在矮秆水稻、杂交水稻育种和超级杂交水稻育种上领先世界水平。20世纪70年代初，袁隆平发表水稻有杂交优势的观点，打破了自花授粉作物育种的禁区，被誉为"世界杂交水稻之父"。

全国劳动模范邓建军作为我国产业工人的典范，以学习增强能力，以创新创造业绩，以奉献体现价值，从一名普通工人成长为技能型、知识型、复合型的高级技师，他的先进事迹，生动展示了新时期产业工人的新形象。

全国劳动模范许振超以知识改变命运，以岗位成就事业，创造了让世界震惊的"振超效率"，由一名普通工人成长为桥吊专家。

用生命叩开地球之门的海归教授黄大年

黄大年带领400多位科学家创造了多项"中国第一"，开启了中国的"深地时代"，填补了"巡天探地潜海"多项技术空白。正如他所说，"祖国帮我实现了大学梦、出国梦，是时候为她实现中国梦了。"黄大年如同一朵奔腾的浪花，在时代的洪流中留下耀眼的身影。

"振兴中华，乃我辈之责。"这是一位青年在大学毕业时写给同学的一句话。他叫黄大年，那一年，他24岁。

26年后，黄大年成了航空地球物理领域的顶级科学家，他主持研发的许多成果都处于世界领先地位。那一年，他50岁。

我国开始实施千人计划后，黄大年说服妻子卖掉经营的诊所，留下还在读书的女儿，回到了母校吉林大学。

回国后的第6天，黄大年就与吉林大学签下全职教授合同，成为第一批回到东北发展的国家"千人计划"专家。他带着先进技术，重点攻关国家急需的地球深部探测仪器。这种设备就像一只"透视眼"，能"看清"深层地下的矿产、海底的隐伏目标，对国土安全具有重大价值。这样的高端装备，国外长期对华垄断或封锁。

从零开始的黄大年，带着研究团队日夜奋战。他出差始终赶最晚的那一程，这样就不耽误白天工作；同事经常两三点钟接到他的信息，得知新的任务。

和家人聚少离多，让黄大年心怀愧疚，他在朋友圈感叹："可怜老妻孤守在家，在挂念中麻木，在空守中老去。"

黄大年带领400多名科技人员，成功研制了我国第一台万米科学钻——地壳一号，自主研制综合地球物理数据分析一体化的软件系统，提高了国家深部探测关键仪器的制造能力。

2016年12月8日，黄大年因胆管癌住进医院。即便在病床上，打着吊瓶的黄大年还在改方案，给学生答疑解难。

2017年1月8日，黄大年因病逝世。众多师生带着伤痛和怀念，默默垂泪，悼念送别。

（三）淡泊名利、甘于奉献是劳模精神的优秀品格

淡泊名利是指不以追逐名利为目的，也不被名利诱惑。淡泊名利不是要求劳动者不要名和利，而是要取得与自己的付出、劳动成果相匹配的名和利，对超出自己付出的名和利没有奢望。淡泊名利是世界观、人生观、价值观的体现，是人的一种精神境界。

甘于奉献是指一个人自愿、自动、自觉地去做有利于国家、集体、他人的事情，而不计回报、得失，甚至可能牺牲自己的生命。奉献往往渗透于人们的日常工作和生活之中。在平凡的岗位上兢兢业业，恪尽职守，不计得失；在社会生活中，热心公益事业，爱护环境，尊老爱幼，扶危救困等。

1. 淡泊名利，成就卓越

淡泊名利能促使人竭尽全力。一个人只要竭尽全力，即使他所从事的只是简单平凡的工作，即使他的能力并不突出，即使外界条件并不优越，他仍然可以在工作中创造出骄人的成绩，仍然可以不断在工作中成长。

1998年回到家乡后，徐宏业就一直扎根乡村，守护着村民的健康。无论春秋寒暑、路途远近，只要村民有看病需要，徐宏业就会出现在患者面前。在做好日常诊疗工作的同时，徐宏业常常入户巡诊，定期给村里的老人体检，针对慢性疾病开展随访，为村民建立起健康档

案。徐宏业说:"村里的群众就是我的亲人,他们离不开我,我也离不开他们,当好一名乡村医生,是我这辈子的坚守。"

张玉滚是河南省镇平县高丘镇黑虎庙小学校长。他放弃在城市工作的机会,扎根深山,矢志不渝地奋斗在乡村教育一线。他爱岗敬业,由于学校师资紧缺,他潜心钻研每一门课程,苦练教学本领,千方百计上好每一堂课。

在多年的倾情耕耘中,张玉滚度过了宝贵的青春岁月,他用自己微弱的温度和烛光般的热情,温暖和照耀着大山深处的孩子,使他们在求知和做人的路上越走越远。

2. 甘于奉献,成就梦想

2020年1月17日,中共中央宣传部授予敦煌研究院文物保护利用群体"时代楷模"称号。敦煌研究院文物保护利用群体是以常书鸿、段文杰、樊锦诗等为代表的几代莫高窟守护人。多年来,他们扎根大漠,无私奉献,精心保护和修复敦煌石窟的珍贵文物,潜心研究和弘扬敦煌文化艺术,努力探索推进文化旅游的合理开发,取得了令世人瞩目的巨大成就。

无私奉献申纪兰、吴仁宝

申纪兰是第一届至第十二届全国人大代表,1952年、1978年、1989年三次被评为全国劳动模范。1952年她提出男女同工同酬的权利,后来被写入新中国的《劳动法》。60多年来,她没有离开过西沟村,没有离开过劳动岗位。当选山西省妇联主任时,她郑重地向组织提出:"我永远是一个普通农民,不领工资,不转户口,不定级别,不配专车。"申纪兰生活拮据,每年除了国家的一点补助和村里的几百元补贴外,她的收入主要依靠1亩4分责任田,其他贴补她一概不要。当村党支部副书记这么多年,不管是因公外出开会还是帮村里出差办事,她从没有报销过一分钱的差旅费,也从不领取一分钱的补助,都是自己掏腰包。她对此有一个朴素的解释:"党员干部的本色是啥?是劳动,是奉献,是服务。"

全国劳动模范吴仁宝带领华西村干部群众缔造了"天下第一村"的奇迹,但他始终以淡泊名利、甘于奉献为目标严格要求自己。从20世纪70年代起,他就给自己立下了"三不"规矩:不住全村最好的房子,不拿全村最高工资,不拿全村最高奖金。多年来,各级政府批给他的奖金累计超过1.3亿元,可他分文不取,全部留给集体。

在这些劳动模范身上体现出来的劳模精神,代表了新时期中国工人阶级的精神风范,不但不会过时,而且将继续鼓舞、激励中国工人阶级满腔热情地投身于社会主义现代化建设的伟大实践。

榜样的力量是无穷的,让劳模精神成为激励我们奋勇前进的精神动力和信念,让劳模精神促使我们追求卓越、成就梦想，在平凡中创造伟大。

 劳动知识
劳模演变之路

清洗衣服

清洗衣服的步骤如图 3-2 所示。

步骤1：准备工作
检查衣服的颜色和材质。
分类洗涤：深色与浅色分开。

步骤2：手洗
温水预处理：在30~50℃的温水中，加入洗衣粉或洗涤剂，溶解于温水中，衣服放水盆中，轻搓衣物，特别是领口和袖口。
浸泡：浸泡15~20分钟，重点部位搓洗。
清洗后挤压去水分。

区分衣物　　浅色　　深色

加洗衣粉

30~50℃温水　放入衣物　轻搓衣物　浸泡15~20分钟　重点部位搓洗　拧干

步骤2：机洗
衣物浸泡：温水浸泡10分钟。
加入洗涤剂，选择合适程序和温度。
轻柔洗涤。
甩干衣物。

步骤3：晾干
晾干，避免暴晒。

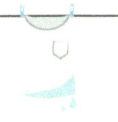 

晾干

注意：特殊处理
去除顽固污渍：白醋水稀释后浸泡。
消毒与除异味：白醋水或专业消毒液。

图 3-2　清洗衣服的步骤

第二节 弘扬劳模精神

实践证明,要充分发挥工人阶级在构建和谐社会中的主力军作用,我们就应当继续大力弘扬劳模精神,通过劳模精神的感召力量,积极引导广大职工学习劳动模范,努力培育自身高尚的情操,激励他们成为社会主义现代化建设的栋梁之材。

弘扬劳模精神的途径如图3-3所示。

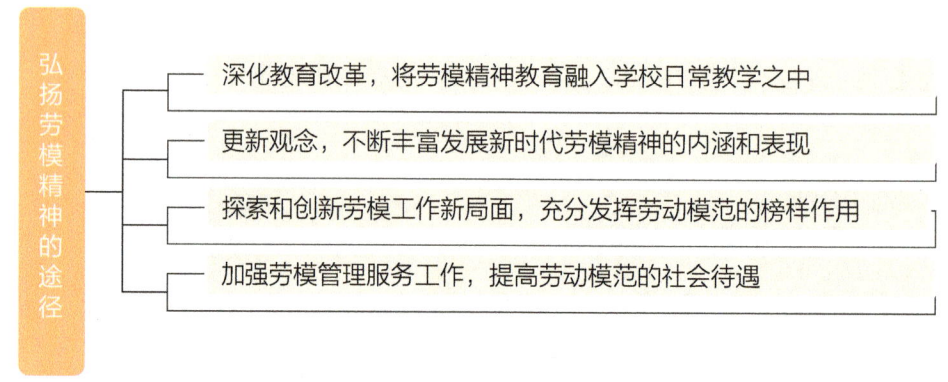

图3-3 弘扬劳模精神的途径

一、深化教育改革,将劳模精神教育融入学校日常教学之中

对于职业院校而言,在坚持培养学生的专业技术与行业技能的同时,还应加强伦理道德、职业精神等人文素养的培育,使劳模精神成为指引他们学习和工作的行为准则。

1. 在课堂教学中融入劳模精神

推进劳模精神进课堂,把劳模精神融入课程教学,尤其注重发挥思想政治理论课与其他课程的协同效应,是宣传弘扬劳模精神的主要途径之一。

职业院校可邀请劳模走进学校、走进课堂,或在课堂上适当播放有关劳模的视频,让学生近距离感受劳模精神;组织编写有关劳模精神的教学参考资料,通过各类课程教学广泛宣传弘扬劳模精神;编辑出版劳模读物,并在学校图书馆、阅览室、网站等场所广泛传播,用劳模精神引导学生、启迪学生、鼓舞学生;针对专业课程难点或当代大学生现实思想困惑,邀请劳模进行讲解后制作视频微课程，并通过班级微信群、QQ 群、学校网站等向学生推送。

2. 在校园文化建设中融入劳模精神

校园文化是学校宣传弘扬劳模精神的重要载体。

1）注重将体现劳模精神的文化符号融入校园环境建设之中。充分挖掘劳模校友的先进事迹，注重建设以弘扬劳模精神为主题的校园景观，充分利用展示馆、报刊、广播、校园网络、宣传橱窗等多种渠道，大力宣传劳动模范的先进事迹和优秀品质，使劳模精神融入学生日常学习生活。

2）开展形式多样的劳模精神文化活动。例如，结合入学教育、五一劳动节、五四青年节等重要节点宣传劳模精神；定期开展"劳模伴我成长"等主题党团日活动；举办"劳模大讲堂""大国工匠进校园"等主题教育活动，邀请劳模到学校做专场报告，现场分享劳模成长故事，当场展示精湛技艺；组织学生开展"劳模伴我成长""我心中的劳模"等主题征文、演讲比赛；指导学生成立以学习、宣传劳模精神为主题的社团，并在其他社团活动中开展以劳模精神为主题的日常活动。

3. 在网络教育中融入劳模精神

进入新时代，网络越来越成为人们日常生活中重要的社交空间之一。随着学生的学习、生活与新媒体的结合度越来越高，新媒体对学生成长的影响也越来越大。学生乐于尝试新鲜事物，学习能力强，微信、微博、抖音等新媒体已经成为学生日常生活的一部分。通过微博、微信、手机 App 等新媒体平台，以交流讨论、知识竞赛活动等多种方式，开展线上与线下融合、形式活泼多样的宣传教育活动，可以让更多的学生能够方便、快捷地获得相关信息，不断延伸劳模精神培育的空间。

4. 在创新创业教育中融入劳模精神

党的十九大报告提出"激发和保护企业家精神，鼓励更多社会主体投身创新创业""建设知识型、技能型、创新型劳动者大军"。学生是未来创新创业的主力军，培育学生的创新创业精神，使之具备创新创业能力，是新时代对学生提出的新要求。伟大的时代呼唤伟大的精神，劳模精神是汇聚创新创业发展的动力源泉，是成就中华民族伟大复兴事业的精神动力。弘扬劳模精神可以引导学生重温劳模事迹，重申劳模精神的内涵，重拾劳模精神的记忆，用劳模精神感染、鼓舞学生不断提升创新创业能力，积极参加创新创业竞赛，主动投身于创新创业实践，自觉成为"大众创业、万众创新"的中坚力量。

5. 在学生实践锻炼中融入劳模精神

1）通过定期举办技能竞赛，增强学生对劳模精神的理性认识。技能竞赛既是检验学生技能水平的重要载体，又是宣传、学习劳模精神的有效途径。通过技能竞赛的磨炼，教育学生尊重劳动、崇尚技能、追求卓越，引导学生学技能、当能手。

2）通过社会实践活动，培育学生的劳模精神。积极引导学生参加社会志愿服务，培养和锻炼学生的团队合作意识，增进学生的奉献意识；组织学生到劳模育人实践基地参观学习、进行专业实践，引导学生树立"辛勤劳动、诚实劳动、创造性劳动"的理念；组织学生参加暑期社会实践、企业实践等，引导学生在实践中学习与践行劳模精神。

二、更新观念，不断丰富发展新时代劳模精神的内涵和表现

新时代的劳模精神有新的内涵和表现。劳模精神随着不同历史阶段的具体任务和发展要求的不同体现出不同的要素结构，立足新时代的新任务、新发展、新要求，既要坚持和传承劳模精神的不变内核，也要与时俱进，发展新时代劳模精神所蕴含的学习要素、创新要素和技能要素。

多年来，劳模精神保持旺盛的生命力，其自身的内涵和表现不断丰富。劳模精神在中国工人阶级的伟大实践中与时俱进，始终引领时代潮流。

1. 弘扬劳模精神需要不断更新思想观念，与时代同步

有些人对劳模精神缺乏全面正确的理解。不少人提起劳模精神，仍然停留在几十年前对劳模精神的认识水平上，简单地把劳模精神概括为苦干实干的层次，没有随着时代的发展对劳模精神进行正确的总结和认识。由于对劳模精神的理解缺少新的时代内涵，致使劳模精神的感召力大大下降，特别是对青年人的影响力大大下降。

2. 弘扬劳模精神需要全面正确地理解劳模精神，使劳模精神成为引领潮流的时代坐标

在宣传劳动模范的事迹和劳模精神的过程中，存在片面、偏狭的问题。例如，宣传劳动模范爱岗敬业，片面地局限在加班加点、不顾家庭等方面，把劳动模范塑造成了不食人间烟火的"超人"，可敬而不可爱，反而伤害了劳动模范的形象。

只有劳模形象向普通劳动者形象回归，劳模才能真正起到榜样的作用。媒体应该力争从简单到复杂，从平面到立体，对劳模进行全方位的报道，将劳模的"神化"转为"人化"，把劳模的形象切实塑造为劳动者楷模的形象，让劳模更加可亲、可近和可学。

总之，宣传劳动模范事迹和劳模精神一定要全面准确，只有这样才能保持劳模精神对广大群众的感召力量，才能激发广大群众学习劳动模范的热情。

新时代思维观念的与时俱进要求树立劳模的新标准。例如，北京人民广播电台《说事儿：名嘴说天下》栏目讨论的话题是从姚明当选劳模说劳模德行新标准；人民网举办了大型有奖征文《劳模意味着什么——新时期劳模精神大家谈》；《人民日报》《工人日报》等栏目的文章也大力倡导树立劳模评选新标准、树立劳模新形象。除此之外，还可以借助深度报道、人

物采访、电影电视剧的拍摄来宣传新时代下的劳模。

例如，2020年4月3日开播的31集电视剧《一诺无悔》，该剧取材自"全国优秀县委书记"廖俊波的先进事迹，以他在政和县担任县委书记的工作为创作背景，讲述了他履职尽责、克己奉公、清正廉洁的故事。

随着所有制结构和产业结构调整的不断深化，城市化、工业化步伐的加快，我国社会出现了一批民营企业的创业人员、个体户、私营企业主、自由职业者等。党的十六大明确提出，要尊重和保护一切有益于人民和社会的劳动，不论是体力劳动还是脑力劳动，不论是简单劳动还是复杂劳动，一切为我国社会主义现代化建设做出贡献的劳动，都是光荣的，都应该得到承认和尊重。对为祖国富强贡献力量的社会各阶层人们都要团结，对他们的创业精神都要鼓励，对他们的合法权益都要保护，对他们中的优秀分子都要表彰。只有这样，劳动模范才能继续受到全社会的尊重，劳模精神才能继续发挥对全社会、特别是对青年一代的感召力量。

朱婷入围全国劳动模范名单

在《河南省2020年全国劳动模范和先进工作者推荐人选公示公告》中，中国女排队长朱婷入选了河南省105位全国劳动模范和先进工作者推荐人选的名单。朱婷是此次河南省105名入围者中，唯一的一名运动员。

朱婷，女，汉族，1994年11月出生。常年刻苦训练，不断提高技战术水平，顽强拼搏，为国家和河南省排球事业做出了重要贡献。2016年、2017年、2018年，连续三年蝉联World of Volley（排球网站）年度最佳女排运动员奖项。

作为主攻，在球队身处困境的时候，朱婷总能挺身而出，带领队友克服困难，在球场上承担起鼓舞士气、调动队伍积极性的任务，是球队当之无愧的"定海神针"。

然而，朱婷的影响力不止于此。英国一家知名出版社出版了一本名为《等我长大——体育英雄》的儿童读物，讲述了孩子如何成长为世界体育巨星的励志故事。朱婷的故事也被收录其中，与朱婷一起被写进书里的还有梅西、博尔特、拜尔斯等体坛巨星。

朱婷扣球如图3-4所示。

图3-4 朱婷扣球

大力弘扬劳模精神，需要我们在继承传统的同时转变观念，从引领时代进步的先进模范人物身上更加深入地总结劳模精神的时代内涵，从而保持劳模精神的生命力和感染力。

三、探索和创新劳模工作新局面，充分发挥劳动模范的榜样作用

1. 评选出真正体现时代精神的先进人物

劳动模范之所以在我国社会主义建设的各个历史时期都具有强大的感染力和号召力，正是源于他们是时代精神的集中体现。因此，在新的历史时期，我们在劳动模范的评选上，必须与时代发展吻合，不断更新劳动模范的评选标准，使之更加闪烁新时代的思想光辉。例如，中央电视台每年进行的"感动中国"人物评选活动，全民参与，评选出的人物得到了全社会的认同和赞誉。事实证明，只要评选出的先进人物确实体现了时代精神，就一定会得到群众的爱戴。

《感动中国》组委会给予张富清的颁奖词：都知道你朴实勤勉，却不知你曾战功赫赫，你把奖章深藏在箱底，对战友的怀念深藏心底，从不居功索取，只为坚守使命初心、默默奉献，于国于民，你是忠诚伟大的士兵。

感动中国 2019 年度人物四川森林消防员
——英雄归厚土

2019 年 3 月 30 日下午，四川凉山木里县发生森林火灾，四川森林消防总队凉山支队西昌大队组织消防队员开赴一线展开扑救。

3 月 31 日消防队员克服山高坡陡、沟深林密、缺氧难行等困难，每人负重 30 余斤（1 斤 =0.5 千克），徒步行军 8 个小时，在海拔 3700 余米的地方与森林大火展开了搏斗。当天下午，明火被扑灭后，消防员在向山谷两个烟点迂回接近时，遭遇林火爆燃，27 名森林消防指战员和 3 名当地扑火人员全部牺牲。

痛失患难与共的战友兄弟，一起出征却没能活着一起回家。大队营区的笑脸墙上，每一张年轻的脸庞都笑容灿烂。牺牲指战员的平均年龄只有 23 岁，年龄最小的只有 18 岁。为有牺牲多壮志，为国捐躯重如山。让我们向这些可爱可敬的扑火勇士致敬！

颁奖词：

青春刚刚登场，话语犹在耳旁，孩子即将出生，父母淹没于泪水。青山忠诚的卫士，危难的永恒对手，投身一场大火，长眠在木里河两岸，你们没有走远，看那凉山上的秋叶，今年红得分外惹眼。

2. 发挥劳模引领作用，建立成长成才机制，充分发挥劳动模范的榜样力量

评选劳动模范的意义，不在于评选本身。选出劳动模范，是以榜样的力量带领广大职工群众积极投身于构建和谐社会的伟大实践。大力弘扬劳模精神，要研究在新的历史条件下，真正能够让劳动模范发挥榜样作用的新的工作方法，以盐溶于水的方式使"劳模精神"植根于学生的心灵之中，激发他们构建和谐社会的创造热情。

通过"劳模工作室""技师工作室"等工作平台，充分发挥劳模的排头兵与冲锋队作用，带动更多学生争做高质量发展、实现赶超目标的奋斗者。

2020年，全国两会期间，全国政协委员、全国总工会书记处书记张茂华表示，加强劳模和工匠人才创新工作室建设，是《新时期产业工人队伍建设改革方案》的重要内容，应动员多种社会资源，加大对创新工作室建设的投入。

2020年，我国的全国示范性创新工作室197家，全国各级创新工作室总数近10万家。张茂华建议，必须动员和融合各种资源，对创新工作室建设给予大力支持，才能促进各级创新工作室蓬勃发展；鼓励和支持战略性新兴产业企业开展创新工作。战略性新兴产业是实施创新驱动战略的主要力量，也是提升国家核心竞争力的重要力量，可以充分发挥创新工作室的平台作用，集聚优秀科技人才，提升企业技术创新实力，加强科技研发和创新成果转化。

全国人大代表建议：设立"全国工匠日"

精湛技艺的磨炼没有捷径，来自日积月累的实践。看似平凡渺小日复一日、年复一年的劳作，却能成就不平凡的业绩，这就是匠心。2020年5月13日，全国人大代表、开封市汴绣研究所工艺师程芳说，她希望在全国范围内设立或推广"工匠日"，让工匠们拥有一个专属节日。

2020年5月20日，全国人大代表刘廷，建议全国推广设立"工匠日"，进一步弘扬工匠精神，在全社会营造尊重工匠、推崇工匠、关爱工匠的浓厚氛围。

"我期待今年全国人代会国家能够出台一些有利于制造业技术工人保障的政策举措，让技术工人、技能人才在经济上有保障、发展上有空间、社会上有地位，不断为国家发展做出贡献。"刘廷说。

2020年5月26日，全国人大代表、杭州技师学院特级教师杨金龙建议，设立"全国工匠日"。

"设立'工匠日'，倡导'工匠精神'，可以推动、树立起对职业的敬畏、对工作的执着、对产品的责任，带动中国制造业走向中高端，从'制造大国'变为'制造强国'。"

杨金龙说，如果将人才结构比作金字塔，支撑起高塔的塔基是数量规模最大、行业覆盖最广的技能人才。"设立'工匠日'有助于形成社会共识，弘扬工匠精神，打造领先世界的中国速度和中国精度，擦亮中国制造品牌。"

3. 营造良好氛围，树立劳动模范的美好形象

大力弘扬劳模精神要运用多种形式，开展对劳动模范先进事迹的宣传工作，充分发挥报刊、广播、电视以及互联网等大众传媒的作用，把宣传劳动、劳模精神和工匠精神作为一项经常性工作，以发现伟大的眼光和崇尚先进的情怀，挖掘闪光事例、报道先进典型，大力营造学习先进、争当先进的浓厚氛围。要注重以德育人，运用文艺作品、宣讲报告、公益广告等多种形式，生动展示劳动模范的感人事迹，热情讴歌劳动模范的高尚情操，让人们从中汲取精神养分、感悟道德力量。

弘扬劳模精神需要顺应社会发展，不断创新模式载体。例如，劳模精神纪念馆在传统的图片、文字配合实物的展出方式基础上，加入视频播放、手触屏参与互动、雕塑还原场景等多种展览元素。劳模精神纪念馆开辟劳动创造体验馆，参观者在模拟设备的帮助下真实体验劳动创造。

一线劳模变主播　岗位事迹"云宣讲"

2020年，酒钢集团公司工会创新劳模宣讲形式，前期进行劳模演讲视频的录制，通过酒钢集团微信订阅号播放，全体职工在手机上就可以观看劳模演讲，了解劳模故事，让大家足不出户，感受劳模精神。

从2020年5月初开始，酒钢集团公司工会邀请部分嘉峪关市劳动模范、集团公司劳动模范、酒钢工匠、金牌工人等11名先进模范在集团微信订阅号分享他们"匠心筑梦"的故事。一线劳模变主播，岗位事迹"云宣讲"。活动持续"刷屏"，引发职工讨论。

"错了，就从头再来；饿了，就啃个饼子、吃个泡面；累了，就在现场睡会儿……"其中，高建斌《平凡岗位　做最好自己》的"云宣讲"让大家深受感动。

1989年9月28日，国务院在北京召开"全国劳动模范和先进工作者表彰大会"，为此中国邮政发行纪念邮资封一枚。信封邮票图案以劳模和先进工作者奖章图案为主体，用写实手法表现出厚实的金属质感，画面上方鲜明地标明会标、时间、地点，构成庄重、热烈的气氛，显示纪念意义；封图为一束写实的鲜花，衬以腾空而起的彩球，背景以黄色为主调，象征秋天与丰收，并以"向全国劳动模范和先进工作者致敬1989·北京"的字样突出主题。

"全国劳动模范和先进工作者表彰大会"纪念邮资封如图 3-5 所示。

图 3-5 "全国劳动模范和先进工作者表彰大会"纪念邮资封

《中国工人阶级的先锋战士——铁人王进喜》纪念邮票描述了在数九隆冬的北大荒，王进喜手握操纵杆，傲然挺立在钻井台上，如图 3-6 所示。

图 3-6 《中国工人阶级的先锋战士——铁人王进喜》纪念邮票

由国家网信办、全国总工会联合主办的"中国梦·大国工匠篇"大型主题宣传活动于 2016 年启动。这一活动陆续组织重点新闻网站记者深入基层，采访工匠、劳模典型，推出多篇原创报道，"中国梦·大国工匠篇"的微博官方话题累计已获得数千万次阅读。

四、加强劳模管理服务工作，提高劳动模范的社会待遇

1. 采取多种有效措施切实做好劳模管理服务工作，关心爱护劳模

不断加大对劳模的关爱力度，通过组织劳模体检、走访慰问等多种形式，激发全社会尊重劳模、关爱劳模、崇尚劳模、争当劳模的良好氛围。把劳模事迹汇编成书，让劳模的事迹在各行各业孕育生根、结出丰硕成果，为我国经济社会发展做出贡献。

长期以来，党和政府不仅高度认可劳模在社会主义建设中建立的突出业绩，而且十分

关心劳模的工作、生活和学习，先后出台了提高劳模退休金、对劳模进行奖励、保障劳模就业、安排劳模体检和疗休养的政策等。

2. 健全表彰激励机制，提高劳动模范的经济待遇和社会地位

我国自古以来就有"万般皆下品，唯有读书高"的传统观念，体力劳动者的社会地位一般低于脑力劳动者。随着现代金融、互联网等行业的兴起，普通工人的社会地位有所提升，但劳模和工匠管理服务工作还不到位。基层劳动者和技术工人收入水平偏低、岗位吸引力不足、社会认同感不强，企业"重学历轻技能""重使用轻培养"观念普遍存在，已不适应壮大实体经济和实现高质量发展的要求。因此，加大对劳动模范和技术标兵的激励力度，在"授予荣誉称号"的精神激励的基础上，加大物质奖励力度；赋予劳动模范和大国工匠以更高的政治话语权，确保基层劳动者代表更多地参与国家政策的设计；建立技术人员专项津贴，让劳动者和工人阶级享有更体面、更合理的待遇，让他们能够安心工作、潜心钻研；健全社会保障体系，降低技术工人的失业风险，减少劳动模范和工匠的后顾之忧；营造职业不分贵贱、不分尊卑的社会风气，培育工人阶层的职业自豪感，带动广大劳动者的工作热情。

全面建成小康社会、实现中国梦，必须大力弘扬工人阶级的伟大品格和劳动模范的崇高精神，用劳模的先进事迹感召社会，用劳模的优秀品质引领风尚，提升广大劳动者的思想境界和能力素质，不断为中国精神注入新能量。

作为一线技术工人，全国人大代表、锦西石化技工王尚典一直关注基层操作员工的待遇问题。在2020年全国两会上，他带来的建议是：扭转大众观念，提升技术人才待遇，选拔和培养更多的高质量技能人才。

在2020年全国两会上，全国人大代表丁照民提出：大力弘扬劳模精神和工匠精神，营造劳动光荣的社会风尚和精益求精的敬业风气。

作为从车间一线走出来的全国人大代表，郑裕财深知技术工人对企业的重要性。为此，郑裕财建议倡导"工匠精神"，实实在在地提高技术工人的社会地位和收入。

国家相关部门对第44届世界技能大赛获奖选手进行表彰，金、银、铜牌选手分别奖励人民币30万元、18万元、12万元，优胜奖奖励5万元，且全部奖金均为免税。不仅如此，获奖者还将由地方人社部门给予相应职称。

在江苏省政府的表彰大会上，几位不到20岁的小伙子被授予"江苏大工匠"荣誉称号，还获得了奖金。原来，他们都是第44届世界技能大赛的获奖选手。其中，19岁的宋彪不仅获得"江苏大工匠"称号，还被直接认定为副高级专业技术职称，被省政府奖励了80万元！宋彪成为"网红"后，其获奖感言"拿不好笔杆子，就拿好工具"引来了广泛共鸣。

电脑机箱的拆卸、清理和安装

为了防止机箱内积累过多的灰尘，造成散热不畅，影响电脑的性能，避免因为过高的温度而烧坏硬件，要对电脑机箱进行拆卸、清理与安装，具体操作步骤如图 3-7 所示。

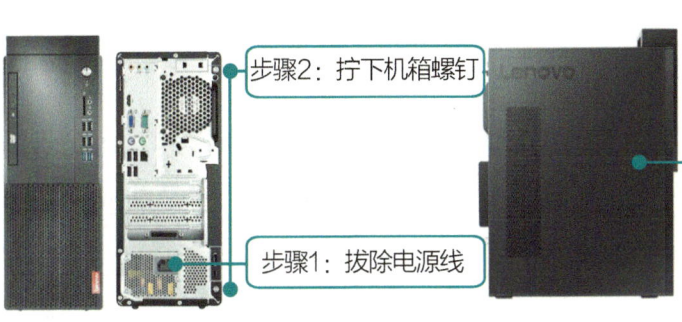
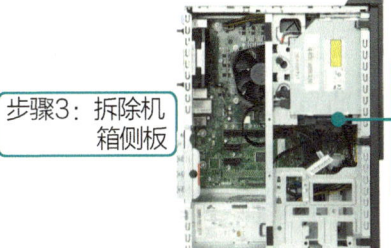
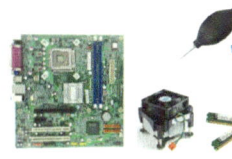
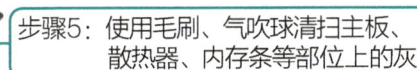

图 3-7　电脑机箱的拆卸、清理和安装的步骤

《中国梦·劳动美》

中华全国总工会和中央广播电视总台共同举办的《中国梦·劳动美——2023五一国际劳动节"心连心"特别节目》在央视综合频道、综艺频道、音乐频道，央广文艺之声，以及央视新闻、央视频、央视网、央广网、云听等平台推出。

节目以"双手绘新卷"为主线，通过"新"突破——绘自立自强之卷，"新"产业——绘创新驱动之卷，"新"面貌——绘奋斗逐梦之卷三个篇章，展现劳动模范、大国工匠、高技能人才、普通劳动者在新征程上的精神风貌，为广大劳动者送上最真挚的节日祝福。

【活动拓展1】　比一比、诗朗诵、拍视频

1. 比一比

歌曲《劳动畅想曲》唱响新时代劳动者之歌；一首首歌曲《春暖花开》《亲爱的中国》《国

旗之下》……唱出了劳动者心中那份担当和家国情怀。曲声高扬间传递着对劳动者的歌颂。

赞扬劳动光荣的歌曲有很多。你知道都有哪些歌曲吗？比一比，看谁会唱的歌多？

2. 诗朗诵

诗朗诵《向胜利进军》抒发了中华儿女创造历史、开创未来的豪情。

诗朗诵《向胜利进军》有提问，有答案，有激情，有深度，我们将在提问中寻找属于自己的答案。

向胜利进军（节选）

片段一：当九曲黄河解冻冰封，春风唤醒壶口，等待她是一泻千里的飞瀑彩虹，还是徘徊在冬日阴霾里挥不去的哀愁？朋友，你呢？是跟她做一朵奔腾向海的浪花，还是缩成一团寒意冻结的泥沙，看似坚硬，却挡不住阵阵涛飞浪走。

片段二：当万里长江褪去冬装，春水涌动潮头，迎接她是千帆竞发的大江东流，还是倚岸观望的草长莺飞、晨烟夕柳？朋友，你呢？是跟她做一名踏浪潮头的追梦者，还是偏守春光一隅独自享受？看似惬意，却被时代悄悄甩在身后。

片段三：是的，我们能够，我们一定能够，有句话，红军战士喊着它，万里长征不回头，有句话，两弹元勋默念它，以身许国惊雷吼，这句话一旦注入铁人精神，就敢把贫油帽子扔进太平洋，这句话握在中华儿女的手，多少灾后重建废墟起高楼，今天，我们要让这句话，再次震撼神州，向胜利进军。

片段四：叩问中华文明五千年，为什么一枝独秀、蓬勃劲遒？不就是用一个又一个胜利，凝聚炎黄子孙的精气神，永怀热血、永葆斗志、永续梦想，铸生命，与天长，共地久。

片段五：这就是中国，迎战每一次灾难，都是万众一心的奋斗；这就是中国人民，征服每一次灾难，都有英雄辈出，大显身手；这就是人民中国，跨越每一次灾难，都为后人留下，情感的坐标、生活的真谛、精神的升华与不朽。

片段六：向胜利进军啊，决战决胜，必须坚持到最后，全面小康的幸福路攻坚克难已经九十九，祖祖辈辈的千年夙愿，只待一锤定音豪情收，百年追梦的共同富裕，就要花开连枝铺锦绣。为了这一天，人民好书记焦裕禄，披肝沥胆，倾尽所有，为了这一刻，年轻村干部黄文秀，青春常驻，壮志未酬。

诵读《向胜利进军》，思考劳模精神的内涵。

3. 拍视频

开展微影视比赛。请拍摄一段反映劳动场景的短视频，并向同学和老师展示。

内容要求：劳动短片彰显劳模精神、劳动精神和工匠精神。

技术要求：视频标准画幅为1920×1080，帧数每秒25帧，画面比例16∶9，分辨率1080；视频时长为3~5分钟，片头字幕要有名称；视频格式为MOV；片中对白使用普通话

（角色需要除外），并添加中文字幕。

【活动拓展2】 劳动精神和劳模精神的认识

阅读材料1：廖俊波同志超越名利和责任，努力学习和工作。他选择了为价值去劳动，立志要当"为人民俯身砍柴""为发展鞠躬尽瘁"的"樵夫"。事实上，廖俊波同志为了闽北的发展，呕心沥血，努力践行了"一担干柴古渡头，盘缠一日颇优游。归来涧底磨刀斧，又作全家明日谋"的"樵夫"精神。

阅读材料2：黄大发，贵州省遵义市播州区平正仡佬族乡草王坝村（现团结村）原党支部书记。他用了36年的时间修水渠，最终解决了全村人的饮用水难题。这位不折不扣的劳动者用自己的双手带动千百双手，以一颗心换取千百颗心，最终让全村人喝上了干净水，吃上了白米饭，有了一条光明的路。

阅读材料3：2015年五一劳动节前夕，习近平主席在庆祝"五一"国际劳动节暨表彰全国劳动模范和先进工作者大会上指出"我们要始终弘扬劳模精神、劳动精神，为中国经济社会发展汇聚强大正能量。劳动是人类的本质活动，劳动光荣、创造伟大是对人类文明进步规律的重要诠释"。

阅读材料，谈谈你对劳动精神和劳模精神的认识。

【活动拓展3】 调查问卷

请同学们填写劳模精神调查问卷，在教师的指导下分析调查结果。

劳模精神调查问卷

1. 您了解劳模吗？
   □A 不知道　　□B 听说过　　□C 比较了解　　□D 十分了解
2. 您认为劳模是什么？
   □A 劳动模范和先进工作者的简称　　□B 游戏人物　　□C 一部微电影
3. 您了解以下劳模吗？【多选题】
   □A 袁隆平　　□B 焦裕禄　　□C 吴仁宝　　□D 申纪兰
   □E 黄大年　　□F 许振超　　□G 都不知道
4. 您认为劳模精神重要的是什么？【多选题】
   □A 爱岗敬业　　□B 争创一流　　□C 艰苦奋斗
   □D 勇于创新　　□E 淡泊名利　　□F 甘于奉献
5. 您认为当代大学生应怎样学习劳模精神？【多选题】
   □A 努力学习，刻苦钻研，用科学理论和科学知识武装头脑，不断提高科学文化素养和

思想道德水平

□B 模仿劳模的行为

□C 敬业爱业、精业乐业

□D 其他

6. 您是否关注过劳模的相关信息？

□A 认真关注过　　□B 偶尔看看　　□C 从不关注

7. 您了解劳模事迹的渠道有哪些？【多选题】

□A 书籍报刊　　□B 电视广播　　□C 讲座

□D 专题纪录片　　□E 网络　　□F 课堂

8. 您愿意学习劳模精神吗？

□A 愿意　　□B 不愿意　　□C 无所谓

9. 您认为应该如何宣传弘扬劳模精神？【多选题】

□A 开设讲座、展览等各类主题教育活动

□B 电视、网络等媒体推送相关事迹

□C 拍摄专题纪录片

□D 劳模进社区、进校园

10. 如果您是劳模，您认为这个头衔能带来什么？【多选题】

□A 巨大的荣誉　　□B 物质奖励

□C 出名　　□D 模范带头作用

11. 如何学习劳模精神？【多选题】

□A 加强职业技能学习　　□B 培养勤劳刻苦的精神

□C 培养创新精神　　□D 增强奉献精神

12. 您认为劳模精神有什么意义？【多选题】

□A 劳模精神具有重要的理论价值和重大的实践意义

□B 劳模精神作为劳动模范的思想内核、行动指南和精神灯塔，成为推动时代前进的强大精神动力

□C 劳模精神是时代精神的生动体现

□D 劳模精神是民族精神的重要组成部分

□E 劳模精神是培育时代新人的重要手段

13. 您怎样利用空闲时间？【多选题】

□A 休息睡觉　　□B 娱乐打游戏

□C 找兼职　　□D 看书

模块四
工匠精神

导 语

  2020年11月24日，习近平总书记在全国劳动模范和先进工作者表彰大会上指出，劳模精神、劳动精神、工匠精神是以爱国主义为核心的民族精神和以改革创新为核心的时代精神的生动体现，是鼓舞全党全国各族人民风雨无阻、勇敢前进的强大精神动力。

第一节 工匠精神的内涵

我们经常会听到"工匠精神"这个词语,工匠精神是什么?

有人说,工匠精神就是干一行爱一行,把工作看成人生的修行。

有人说,工匠精神就是一丝不苟地做好每个细节。

有人说,工匠精神就是耐得住寂寞,不被任何浮躁的事物干扰自己的目标。

还有人说,工匠精神就是用创意推动社会进步,让人类的生活变得更美好。

到底什么是工匠精神呢?就让我们一起来探索工匠精神的真实内涵。

一、工匠之道,继往开来薪火传

曾几何时,工匠是人们日常生活中不可缺少的职业,如木匠、铜匠、铁匠、石匠、篾匠等。随着农耕时代的结束,社会进入了后工业时代,一些老工艺、老工匠逐渐淡出日常生活,但工匠精神永不落伍。

工匠精神不是一个新词。我国工匠精神具有悠久的历史,从原始社会到现代社会,从孕育产生到发展传承,经历了一个漫长的演变过程。

> **小资料**
>
> 1965年12月,越王勾践剑在湖北省荆州市江陵县望山楚墓群中出土。当时,一名考古人员拿剑时一不留神,就将手指割破;有人再试其锋芒,稍一用力,便将16层白纸划断。此剑长55.7厘米,宽4.6厘米,柄长8.4厘米,重875克;制作极其精美,剑身布满了规则的黑色菱形暗格花纹;历经2400余年仍寒气逼人、没有锈迹。科学家用当代科技对其进行了分析,虽然能探知其材质、成分,但仍无法判断古人究竟用何种工艺铸造。

工匠精神是对工艺的传承与创新。它的核心是一种精神、一种信念或一种情怀,是尊重自然、安分守己、尽善尽美、以诚相待的职业操守,是把一件事情、一门手艺当作信仰的追求。正如《我在故宫修文物》这部纪录片中一位青铜器修复师所说的,故宫的这些物品是有生命的，人在制物的过程中，总是要把自己想办法融到里头去，觉得这样才能实现工匠艺人的价值。

即使在科学技术日新月异的现代社会，具有工匠精神的优秀产业工人在生产中的创造力和能动性依然举足轻重。拥有工匠精神的劳动者，能够在制造中不断改进工艺、追求极致。

例如，《庄子》里的"庖丁解牛"，很好地诠释了工匠精神的内涵。

厨师给梁惠王宰牛，手肩顶、足踩膝抵等各种动作，牛的骨肉分离所发出的响声，还有进刀解牛的声音，无不符合音乐的节奏。其技术高超得令梁惠王很是惊讶，问他是怎样达到这样的水平的，他回答梁惠王说，他虽有19年杀牛的经历，但刀刃仍然像刚从磨刀石上磨出来的一样锋利，因为他是按照牛身体本来的构造，用很薄的刀刃插入有空隙的骨节，一旦碰到筋骨交错很难下刀的地方，他就小心翼翼地提高注意力，动作缓慢下来，动起刀来非常轻。就是这样，牛的骨和肉一下子就解开了。

庖丁解牛的故事告诉我们：做任何事只要做到心到、神到，就能达到登峰造极、出神入化的境界。

一个普通的厨师把宰牛这件平凡的小事做得如此奇妙无穷，这就是一种工匠精神。

秦世俊——工匠精神的传承者

秦世俊是中国航空工业集团有限公司数控加工首席技能专家，主要从事直升机升力系统和起落架系统的关键零部件加工生产工作。2001年9月，秦世俊从哈飞技校毕业入职，在老一辈航空人拼搏奉献精神的激励下，他刻苦努力，快速成长。他采用逆向思维等方式，改进工艺，将某关键零件的生产效率提升了8倍，产品一次交验合格率提高到100%。

创新已经成为秦世俊的思维习惯，多年来他实现技术创新、小改小革1000余项，创经济效益1000余万元。《逆向思维、反向采点加工腹板法》《为两台不同型号的车铣中心机床制作转换夹具》《某型机主桨旋翼泡沫提效》等一个个大型技术攻关项目成为秦世俊创新精神的最好写照。

2016年4月30日，秦世俊走上了央视《开讲啦》的讲台，给广大青年讲述自己的奋斗历程。

2018年5月4日，秦世俊受邀参加国务院新闻办公室举办的劳动者与中外记者见面会。他表示："新时代工匠精神需要新一辈航空人传承发扬，我将作为工匠精神的传承者，为建设新时代航空强国事业奉献自己作为产业工人的一分力量。"

二、工匠精神的内涵

工匠精神（Craftsman's Spirit）是一种职业精神，它是职业道德、职业能力、职业品质的体现，是从业者的职业价值取向和行为表现。

新时代的中国工匠精神，除了具有一般意义上工匠精神的内涵，还具有自身的特殊性：既是对中国传统工匠精神的继承和发扬，又是对外国工匠精神的学习和借鉴；既是为适应我国现代化强国建设需要而产生，又是劳动精神在新时代的实现形式。它与劳模精神、劳动精神构成一个完整的体系，成为激励广大劳动者实现中华民族伟大复兴的强大精神力量。

一般认为，工匠精神的内涵包括精益求精、爱岗敬业、持之以恒、创新进取四个方面的内容，如图4-1所示。

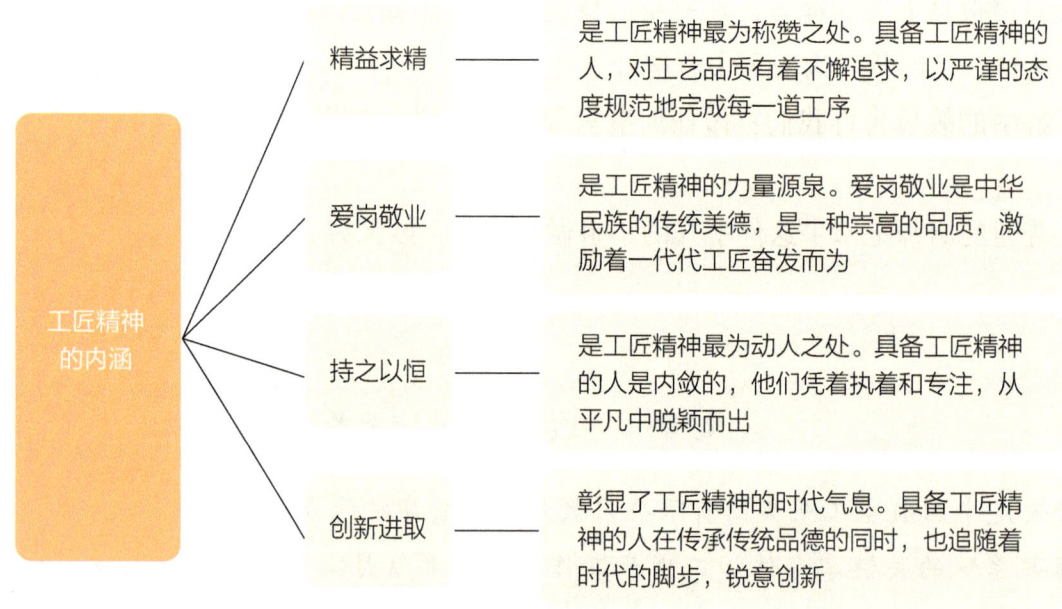

图4-1 工匠精神的内涵

（一）精益求精

精益求精是从业者对每件产品、每道工序都凝神聚力、精益求精、追求极致的职业品质。

伟大的成就归功于工作中每一个细节的完善。细节决定成败。只有完善每一个细节，才能实现从量变到质变的飞跃，才能真正实现一些看似不可能的事情。

"只有更好，没有最好"绝非一句空洞的口号。

1. 精益求精，追求极致

在央视《中国大能手》"数控刀客"比赛中，内蒙古第一机械集团第四分公司数控车工赵晶展示出顶尖的刀工技术。该比赛项目要求加工出一个杯壁不大于0.3毫米的酒杯。赵晶操作熟练，刀法精湛，产品质量过硬，荣获冠军。试想，如果缺乏追求极致的态度与精益求精的精神，如何能练就如此高超的技艺？

2016年10月30日，在湖南长沙高桥大市场西广场表演现场，19岁的向寒仅用58秒蒙眼切出一朵菊花豆腐，横刀84刀，竖刀102刀，切丝长度约为豆腐的2/3，切丝8755根，放置在盛水的碗底犹如盛开的菊花。向寒最终凭借切出了数量最多的菊花豆腐丝，在大世界吉尼斯之最的认定中被上海大世界吉尼斯总部评为"大世界吉尼斯之最"。这是吉尼斯总部首次在中国厨师行业颁发的最高荣誉。由此，他成为湖南省餐饮文化代言人。

"胆大心细，不断超越自己！从时间上练速度，从细节上练手艺，一年又一年的坚持，就一定会取得成功！"这是向寒的心得体会，也是他成功的秘诀。

"听过很多道理，依然过不好这一生。"这是电影《后会无期》中的一句台词，也是无数"我们"的人生写照。为什么我们听过很多道理却依然过不好这一生呢？很多情况都是因为我们缺少追求极致的工匠精神。

电影《一代宗师》里有句话："功夫是什么？就是时间。"真正的成功，是从最不起眼、最基本的事情开始，经过反复练习后，才取得的。把简单的事情做到极致，这才是工匠精神。

有这样一个人，为串列加速器的运行默默提供了30余年的技术保障。他就是被媒体称为"HI-13串列加速器守护者"的苏胜勇。苏胜勇说，他所理解的工匠精神就是"把自己的工作做到极致"。如果各行各业的从业者都能把自己的工作做到极致，发扬精益求精的工匠精神，中国一定可以实现全面、快速的发展。

追求极致　超越自我
——工艺美术师孟剑锋

孟剑锋是北京工美集团的一名錾刻工艺师。他錾刻的"和美"纯银丝巾（图4-2），在北京APEC（亚太经济合作组织）会议上，被作为国礼之一赠送给外国领导人及其夫人。从业20多年来，他追求极致，对作品负责，对口碑负责，对自己的良心负责，将诚实劳动内化于心，这是大国工匠的立身之本，也是中国制造的品质保障。

图4-2　国礼《和美》

纯手工国礼　出自我手

北京APEC会议上送给外国领导人及其夫人的国礼中有一件看起来是草藤编织的果盘，果盘里面有一条柔软的银色丝巾，丝巾上的图案清晰自然、赏心悦目。为了分别做出果盘的粗糙感和丝巾的光感，孟剑锋反复琢磨、试验，亲手制作了近30把錾子，最小的一把在放大镜下做了5天。

追求极致　超越自我

追求极致，这是孟剑锋给自己提的标准。支撑果盘还需要4个中国结作为托儿，工艺标准并没有规定它们必须是手工加工。技师们准备用机械铸造出来，再焊接到果盘上。但是，机械铸造出来的银丝上有砂眼，尽管极其微小，孟剑锋心里却怎么也过不去这道坎。在他心中，没有瑕疵并且是纯手工，这才配得上作为国礼。

如今，已经是国家高级工艺美术技师的孟剑锋，对自己还有更高的要求，他觉得要干好工艺美术这行还应该懂绘画，现在有时间就和爱人一起出去写生、练素描。孟剑锋说，有一天，他一定会拿出一个像样的绘画作品，就像做錾刻那样，他就是要超越自己，追求极致。

2. 精益求精，精雕细刻

时代需要工匠精神，企业需要工匠精神。只有将工匠精神融入企业文化，企业的基业才能长青，企业才能长盛不衰、发展壮大。

时任三一重工总裁的向文波对企业提出了新的要求："企业要发展，过去也许是靠机会，但是再往前走，做大做强，就不能光靠机会了。要忘记速度为王，坚守工匠精神，才能把自己做好。"时任青岛啤酒总裁的黄克兴对于时间和温度的追求更是给企业的发展注入了新的内涵。他说："温度不差一度，时间不差一秒，每一位酿酒师几乎都是'时间控'和'温度控'，他们对工序一丝不苟，在99.99%中追求100%，这就是一种工匠精神。"

企业只有专注于自身领域，以精益求精、精雕细刻的工匠精神将产品做精做细，不断提升技术、质量、服务水平，才能培育出企业的核心竞争力。

比亚迪是我国新能源汽车领军企业。比亚迪几乎具备所有核心零部件的自主研发生产能力，是国内少有的掌握"三电"核心技术的新能源汽车制造商。比亚迪在技术研发上一直奉行"分解研发"模式，构建了"模仿学习+整合资源+自主创新"的研发模式。

一个拥有工匠精神、推崇工匠精神的国家和民族，必然会少一些浮躁，多一些纯粹；少一些投机取巧，多一些脚踏实地；少一些急功近利，多一些专注持久；少一些粗制滥造，多一些优品精品。

3. 精益求精，追求卓越品质

工匠精神不是口号，应存在于每个人的心中。在资源日益稀缺的后增长时代，重提工匠精神，重塑工匠精神，是个人、企业和国家生存和发展的必由之路。

只有用大批的技术人才作为支撑，才能让中国制造升级为中国创造。在这个过程中，虽然我国在某些制造领域工艺技术确实十分精良，但对于更多的制造领域，我们仍然缺乏响当当的"中国名片"。其背后折射的，恰恰是基础制造业优质技术人才——大国工匠的缺失。中国创造的内涵如图4-3所示。

图4-3 中国创造的内涵

人物事迹

捞纸大师周东红

对于捞纸的技巧，《天工开物》里记载："厚薄由人法，轻荡则薄，重荡则厚。"

我国制作宣纸已经有1500多年的历史了，一张宣纸从投料到成纸需要经历300多天，18个环节，100多道工序。但是现在会做宣纸的人已经越来越老，而愿意学这行的年轻人却越来越少。周东红是中国宣纸股份有限公司的一名捞纸工。30多年来，经周东红捞的千万张纸每张重量误差不超过1克，始终保持着成品率100%的记录，他加工的纸也成为韩美林、刘大为等著名画家及国家画院的"御用画纸"。2015年，周东红获得了全国五一劳动奖章。对周东红来说，他捞每一张纸都融进了情感，也从中收获了快乐和成就感。他把捞纸当成一种责任，希望老祖宗留下的技艺能更好地传承下去。

周东红现在是当地出了名的捞纸大师，每年经他手捞出的宣纸就超过30万张，没有一张不合格。周东红捞纸看起来如行云流水，其实在刚进厂的时候，他差点放弃这个行业。当时他和另外一个工友起早贪黑干了一个月，竟然没完成任务，心里就打了退堂鼓。

周东红说，如果自己换一种工作，不一定能干到现在这个成绩。"中国有句古话说行行出状元，我能坚持到现在，心里不也有一种荣誉感吗？"

周东红说，他不知道什么叫工匠精神，但他知道想要做好一件事，就必须勤学苦练。不忘初心，方得始终，周东红在传统技艺上的精益求精和极致追求，让他不仅体会到劳动的快乐，也增添了传承人类非物质文化遗产的自豪。

（二）爱岗敬业

敬业者，专心致志以事业也。爱岗敬业是从业者基于对职业的敬畏和热爱而产生的一种全身心投入的认认真真、尽职尽责的职业精神状态。

爱岗就是热爱自己的工作岗位，热爱本职工作，敬业就是要用一种恭敬严肃的态度对待自己的工作。爱岗敬业是一种积极的工作态度，也是基本的职业道德规范。爱岗和敬业，互为前提，相互支持，相辅相成。"爱岗"是"敬业"的基石，"敬业"是"爱岗"的升华。

1. 爱岗敬业，执着专注

在全国人大代表吕华荣眼里，工匠精神建立的根基，来自对岗位的奉献和热忱。

吕华荣给人的第一印象便是朴实。这位普通西服整烫工拎着2斤重的熨斗，用自己对工作的踏实付出，成为中国"打工妹"的代言人。

西服整烫是一份辛苦的工作，常年握在手里的熨斗足有2斤重，还要时常保持低头站着的姿势。一起进公司的几十名姐妹相继辞去了这份工作，而吕华荣坚持了下来。吕荣华说："其实我做的事人人都会。"但是手提2斤重的熨斗，为了熨平一个衣领，要先后返工十多次，这并不是每个人都能坚持下来的。如果每个人都脚踏实地地把自己的工作做好，就是对社会最大的贡献。

吕华荣所在的公司很多成衣属于高级定制，对整烫的要求较高，一套面料高档的西服如果烫得不好，品位就会大打折扣。她很在意经过自己精心熨烫的衣服是不是更合身，是不是会让穿着的顾客更精神。她说："看着自己烫出来的衣服给别人带去风度是一种享受。"正是由于这种信念，吕华荣成为温州市第一位获得"五一劳动奖章"的外来农民工。

爱岗敬业是工匠精神的力量源泉。爱岗敬业的精神激励着一代代工匠推陈出新，匠心筑梦，薪火相传。

2016年2月，中国航天集团高级技师徐立平当选感动中国2016年度人物。当时，徐立平在火箭固态燃料整形的岗位上已干了29个年头，一刀的精准度可以达到0.1毫米，被赞为千钧所系的"大国工匠"。他认为是父母从小"认真、敬业"的教育鼓励着他数十年坚守在这个高危岗位上。

2. 爱岗敬业，履职尽责

我们要有愚公移山的意志、艰苦奋斗的精神，着眼大局，立足小事，努力在平凡的岗位上做出不平凡的成绩。演艺圈有句话，"没有小角色，只有小演员"。不管这个"角色"有多小，我们都应该全力以赴去"表演"。如果我们能演好任何一个小角色，那我们就是大演员。所以不管做什么，我们都必须尽力做好。

"首先要知道自己是干什么的，做到知责尽责，尽好责，然后再做到创新。"这是华电国际邹县发电厂运行部副主任李兴敏对工匠精神最朴实的理解。从一名普通的电力工人到对火电企业管理具有开创性意义的"火电企业运行规范化管理"课题负责人，他用务实执着的态度履行着一个电力人最基本也最高的职责——维护好设备，发好电。

"远看像要饭的，近看像逃难的，仔细一看原来是巡线的。"曾有人用这样的话来形容巡线工的辛苦。

周红亮就是这样一位巡线工。他日复一日，奔走于秦岭深山无人区，及时掌控着输电线路每一处的变化。工作24年来，他奔走了6万多公里，发现并处理线路缺陷上万处，确保了维管线路24年无人员责任故障，保证了辖区铁路、工农业安全用电，以自己的行为诠释着新时代工匠精神。

特别是每到春节，当千家万户都沉浸在团聚的喜悦当中时，周红亮和他的同事还是像平日一样融冰、巡视、再融冰、再巡视。"春节用电负荷增加，更要保障用电安全，不能出一点意外。"

饿了，就吃几口随身带的干馍；累了，就在雪地里休息一会儿。正是由于这份坚持，24年里秦岭山区线路从未发生过冰灾引发的事故。

上海市非物质文化遗产项目六神丸制作技艺传人张雄毅做出的六神丸，粒与粒之间的误差在10微克以内，并且圆整均匀，堪称一绝。张雄毅从翩翩少年到两鬓微白，药匾一拿就是34年。他亲手制作的每一批六神丸都是优质品，无一例外。张雄毅说自己如今对徒弟说得最多的就是自己的体会，"人生来就是做事，用一辈子把一件事情做细做实，这辈子就值了"。

国产大飞机首席钳工胡双钱

胡双钱是中国商飞大飞机制造首席钳工，人们都称赞他为航空"手艺人"。在35年里他加工过数十万个飞机零件，令人称道的是，其中没有出现过一个次品。他最大的理想是为中国大飞机再干10年、20年，为中国大飞机多做一点贡献。

在C919这架有着数百万个零件的大飞机上，80%的零件是我国第一次设计生产，复杂程度可想而知。

航空工业要的就是精细活，大飞机的零件加工精度要求达到十分之一毫米级，对此胡双钱这么描述："相当于人的头发丝的三分之一，这个概念的公差。"胡双钱已经在这个车间里工作了35年，经他手完成的零件，没有出过一个次品。在中国民用航空生产一线，很少有人能比老胡更有发言权。

胡双钱回忆："一个零件要100多万，关键它是精锻锻出来的，所以成本相当高。因为零件有36个孔，大小不一样，孔的精度要求是0.24毫米。"

0.24毫米，相当于人头发丝的直径，这个本来要靠细致编程的数控车床来完成的零部件，在当时却只能依靠老胡的一双手和一台传统的铣钻床来完成。打完这36个孔，胡双钱用了一个多小时。当这场"金属雕花"结束之后，零件一次性通过检验，送去安装。

（三）持之以恒

持之以恒就是着眼于细节的耐心、执着、坚持的精神，这是一切大国工匠所必须具备的精神特质。工匠精神就是一种坚持，就是几十年的坚持和坚忍。"术业有专攻"，一旦选定行业，就一门心思扎根下去，心无旁骛，在一个细分产品上不断积累优势，在各自领域成为"领头羊"。

1. 坚持和坚忍，一生只做一件事

日本独特的匠人文化源自日本明治维新时期。沉淀至今的匠人文化非但没有退出历史浪潮，反而越来越受到世人重视。日企中至今还流传着一句话"如果花一个小时能够做完这件事，那么花两个小时做得更好"。

用一生的时间钻研、做好一件事在日本并不鲜见，有些行业还出现一个家族十几代人只做一件事。

日本神户的冈野信雄，30多年来只做一件事，旧书修复。在别人看来，这件事实在枯燥无味，而冈野信雄乐此不疲，最后做出了奇迹，任何污损严重、破烂不堪的旧书，只要经过他的手就恢复如新，就像施了魔法一般。

2. 做到耐心、执着，成为匠人

在众多企业中，工匠精神如果在企业上与下之间形成了一种文化与思想上的共同价值观，就会培育出企业的内生动力。

付浩在陕西建工安装集团有限公司"付浩技能大师工作室"担任高级技师。参加工作30多年来，付浩一直坚守在技术难度大、工作环境艰苦的安装施工第一线。付浩坦言自己的天赋不高，之所以能够取得今天的成就正是由于自己的认真与负责。在学习CAD的过程中，他甚至为了画图整夜不睡。

艺痴者技必良。经过对数百台设备的"雕琢"，长沙黄花国际机场机务工程师周宇群逐步"通关"，从一名普通技师成长为全面掌握机械、电气、液压、软件等各类故障维修技术的专家。

王阳阳，27岁时，这是他的成绩单——4分23秒完成一台空调室外机的组装；生产线上10秒检出问题机器；刻苦钻研完成77个数字化质量控制点升级……王阳阳用自己娴熟的

专业技能和丰富的专业知识，让我们领略到了新一代大国工匠的风采。

海尔的成功，得益于企业的历史沉淀和对商机的敏锐嗅觉，更得益于像王阳阳一样的新型工匠。王阳阳说，做工匠就一定要有专注的态度、钻研的精神和不懈的坚持，要像足球赛场的守门员一样懂得坚守。

火箭"心脏"焊接人高凤林

高凤林是中国航天科技集团公司第一研究院 211 厂发动机车间班组长。多年来，他几乎都在做着同样一件事，即为火箭焊"心脏"——发动机喷管。有的焊接工作，需要在高温下持续操作，焊件表面温度达几百摄氏度，高凤林却咬牙坚持，双手被烤得鼓起一串串水泡。因为技艺高超，曾有人开出高薪等诱人条件聘请他，高凤林却说，我们的成果打入太空，这样的民族认可的满足感用金钱买不到。

1. 极致，焊点宽 0.16 毫米、管壁厚 0.33 毫米

"长征五号"火箭发动机的喷管上，有数百根几毫米的空心管线。管壁的厚度只有 0.33 毫米，高凤林需要通过 3 万多次精密的焊接操作，才能把它们编织在一起，焊缝细到接近头发丝，而长度相当于绕一个标准足球场两周。

2. 专注，为避免失误，练习十分钟不眨眼

高凤林说，在焊接时得紧盯着微小的焊缝，一眨眼就会有闪失。"如果这道工序需要十分钟不眨眼，那就十分钟不眨眼。"

3. 坚守，焊接 130 多枚火箭发动机

高凤林说，每每看到我们生产的发动机把卫星送到太空，就有一种成功后的自豪感，这种自豪感用金钱买不到。

正是这份自豪感，让高凤林一直以来都坚守在这里。130 多枚长征系列运载火箭在他焊接的发动机的助推下，成功飞向太空。这个数字，占到我国发射长征系列火箭总数的一半以上。

4. 匠心，用专注和坚守创造不可能

火箭的研制离不开众多的院士、教授、高工，但火箭从蓝图落到实物，靠的是一个个焊接点的累积，靠的是一位位普通工人的咫尺匠心。

专注做一件事，创造别人认为不可能的可能，高凤林用几十年的坚守，诠释了一位航天工匠对理想信念的执着追求。

（四）创新进取

"工匠精神"还包括追求突破、追求革新的创新内涵。工匠拥有的创新进取精神是人类社会不断发展的重要动力。

古语云："玉不琢，不成器。"工匠精神不仅体现在工匠对产品精心打造、精工制作的理念和追求上，更体现在工匠不断吸收前沿技术，创造出新成果等方面。

1. 工匠有着艺无止境的学习理念

工匠对技能的追求是永无止境的，这使他们不仅一开始就努力学习，而且在实践中不断学习、善于学习、终身学习，不断提高自己的技能。他们敢于质疑现状，敢于面对挑战，敢于创新、锐意进取，不断提高自己。

李超是由一名普通工人（初中技校毕业）成为技术发明家的，认识李超的人都知道，他爱学习、善学习。多年来，李超一直坚持不懈地学文化、学技术。他认为企业越发展，越需要工人有文化、有技术。李超特别信奉终身学习的理念，多年坚持不懈，始终如一。

李超将8年的业余时间都用来补习高中课程、上夜大，最终取得冶金机械专业大学本科文凭。他不仅在学校学习，在平时工作中也非常注重向老工人学习。每位老工人都有自己的技术诀窍，李超把他们都当成师傅。"勤干、勤问、勤走"是李超的工作法宝。

"我们这一代工人，如果有什么问题研究不明白，会觉得脸红。"李超说。正是这种对工作认真负责的态度和不断钻研的精神，让李超获得了全国劳动模范、全国五一劳动奖章等多项荣誉称号。

2. 工匠对技艺和产品品质有着积极进取、推陈出新的情愫

工匠心中有一个目标，有一个行动方向，有一个创新的动力，就是在现有努力的基础上再接再厉。他们学习新知识，探索新知识。哪怕是小小的一个零部件，也要掌握内在机理，为的就是能够突破自己。

古往今来，热衷于创新和发明的工匠一直是世界科技进步的重要推动力量。

方文墨是中航工业沈阳飞机工业（集团）有限公司14厂钳工，中航工业首席技能专家。

方文墨在25岁时成为公司历史上最年轻的高级技师。他设计制造的"定扭矩螺纹旋合器"可以提高生产效率8倍，仅人工成本每年就为企业节约100多万元。他创造的"0.003毫米加工公差"被称为"文墨精度"，相当于头发丝的1/25。他的"定扭矩螺纹旋合器""加工钛合金专用丝锥""多功能测量表架"3项技术获国家发明专利和实用新型专利。

他在完成本职工作的同时，自行制作刀、量、夹具100余把（件），改进刀、量、夹具近200把（件），改进工艺方法60项，改进设备2项，总结技术论文和先进操作法12篇，发现设计问题26个。

一个人创新一次不难，难的是一辈子都生活在创新之中。工匠大多善于用心观察，所以创新永无止境。与方文墨类似，盛保柱也在进行着创新。

一次次改良创新，一次次突破自我。在旁人的一片赞许声中，盛保柱却对自己有着明确的定位。

"耐得住寂寞，有精湛的技能，更重要的是要同时具备创新意识。不方便的地方，就是应该创新的地方。"对于工匠精神，盛保柱有着自己的诠释。

改进气动冲孔夹具，将原有0.5毫米的误差范围精确到0.01毫米；领衔轻卡车门智能包边夹具的设计制作，将车门包边厚度严格控制在工艺要求包边厚度（4±0.1）毫米范围内，为公司创造了巨大经济效益；设计制作前风窗玻璃气动机械臂，使工友在搬运与安装重达17.89千克的玻璃时，得心应手……

钳工盛保柱用创新托起"智造中国"。先后从事过轻卡宽、中、窄车型模具（纵梁模具）、夹具、检具的制造和维修技改工作的盛保柱，将省人省力的自动化创新项目运用到生产现场，不仅提高了生产效率和产品质量，还降低了员工的劳动强度。

宁允展——高铁上的中国精度

宁允展是南车青岛四方机车车辆股份有限公司车辆钳工、高级技师、高铁首席研磨师。他是国内第一位从事高铁转向架定位臂研磨的工人，也是这道工序最高技能水平的代表。他研磨的定位臂，已经创造了连续十年无次品的纪录。他和他的团队研磨的转向架安装在673列高速动车组，奔驰9亿多公里，相当于绕地球2万多圈。

转向架是高速动车组九大关键技术之一，而转向架上的定位臂，是关键中的关键。高速动车组在运行时速达200多公里的情况下，定位臂和轮对节点必须有75%以上的接触面间隙小于0.05毫米，否则会直接影响行车安全。宁允展的工作，就是确保这个间隙小于0.05毫米。他的"风动砂轮纯手工研磨操作法"，将研磨效率提高了1倍多，接触面的贴合率也从原来的75%提高到了90%。他发明的"精加工表面缺陷焊修方法"，修复精度最高可达到0.01毫米，相当于一根细头发丝的1/5。他执着于创新研究，主持了多项课题，发明了多种工装，其中有2项通过专利审查，获得了国家专利，每年为公司节约创效近300万元。

一心一意做手艺，不当班长不当官。扎根一线多年，宁允展与很多人有着不同的追求："我不是完人，但我的产品一定是完美的。做到这一点，需要一辈子踏踏实实做手艺。"

3.工匠都有敢为人先、勇攀高峰的气魄

工匠善于发挥协同攻坚、不怕失败、勇于承担责任的带头作用。他们善于将经验与现代

技术完美结合，立足生产一线，尽力而为，艰苦奋斗。他们坚持不懈，默默前进，一步一步从一个成功走向另一个成功。

中国航天科技集团五院总体部深空探测航天器系统总体设计团队，为树立中国航天新的里程碑，不断刷新"中国高度"，孕育了"追逐梦想、勇于探索、协同攻坚、合作共赢"的探月精神。

设计团队竭力培育适于创新型人才成长的沃土，通过"自我学习、自我提高"的自助，"以老带新、传承经验"的帮助，"专业培训、注重实效"的辅助和"专业互补、共同进步"的互助"四助"策略，全面引领青年快速成长。通过学术会议、技术交流、专项培训等措施，创造出一个适合创新型人才成长的良好环境，也为中国航天培养造就了一批年轻的高素质科技和管理人才。设计团队培养出副总师 5 名、"中国青年科技奖"获得者 2 名、"月球探测工程突出贡献者" 6 名、国资委"月球探测工程优秀共产党员" 1 名、"航天科技集团公司劳动模范" 2 名和"航天科技集团公司最美青工" 1 名。

劳动模范黄金娟在专精业务的同时，通过"劳模工作室"的平台，始终不忘将自己的经验、感悟梳理沉淀。她牵头编制电力计量管理体系，出版《电力计量集约化创新与实践》《电能计量资产全寿命周期管理》等专著 4 部，取得了智能化计量仓储系统、计量 SIM 卡智能管理系统等实用化成果 20 余项，形成系列技术标准 11 项，通过标准的形式将自己的技术成果公开，将多年技术经验和成长经历毫无保留地传授给年轻人，培养了一支特别能战斗、特别能吃苦、特别能奉献的电力计量骨干团队。

名师出高徒

一个人"冒尖"不算本事，带领作业区集体"富裕"才是真本事。多年来，史昆心无旁骛地带领作业区员工在成长成才、创新创效的道路上砥砺前行。

史昆是青海油田采油一厂集团公司的高级采油技能专家。从一名采油工华丽转身为集团公司的采油技能专家，再到中国石油大学国内访问学者，史昆在高原油田勤学苦练了 24 年。

史昆说，这些年他荣获国家级、省部级、集团公司级荣誉不计其数，但让他最看重的是创建了"青海省劳模创新工作室"和集团公司"史昆采油技能专家工作室"。

朱怀超是青海采油一厂尕斯第一采油作业区独当一面的地质工程师。他回想起大学毕业走向工作岗位那会儿说，自己连简单的工程制图都画不好。朱怀超说，师傅史昆利用休息时间给他"开小灶"，从制图的最基本点线绘制方式、剖面选择到整体布局，连续数十天耐心讲解，直到他学懂、会画。

之后，朱怀超在史昆的悉心帮教下，不仅夺取了厂员工技能大赛制图单项比赛第一名，还成为采油一厂采油工程制图师兼职讲师。

"做梦都没想到自己被评定为油田高级采油工。"采油一厂尕斯第一采油作业区黄群说，他成长与进步的每一步都与参加厂"名师带高徒"活动分不开。

黄群说，在"名师带高徒"活动中，史昆通过"史昆职工技术创新工作室"这个平台，带领我们几个徒弟结合生产实际开展小创新、小改造、小发明，言传身教把工作中总结出来的良方毫无保留地教给我们。在史昆耐心教导下，黄群成长为采油一厂采油技能尖兵，获得免试技能晋级资格。

实践能力强、总结能力差一直困扰着跃进采油作业区高级采油工周芳莉。于是，史昆就对症下药，让周芳莉编写采油、安全生产等方面的电子课件上台"宣讲"，一次不行再来一次，无数次地推倒重来，最终将周芳莉培养成了一名既会说又会干的复合型技能采油工。2017年，周芳莉首次参加集团公司采油大工种技能竞赛，获得了团体项目银奖和个人优秀选手奖，为油田赢得了荣誉。

劳动保护
工厂劳动安全知识

陶器的制作

早在8000年前的新石器时代，华夏先民就已经会制造和使用陶器，他们将陶土掺水湿润后塑成一定的形状，干燥后，用火加热到一定温度，烧成坚硬的陶器。陶器的制作流程如图4-4所示。

1. 设计　　2. 揉泥　　3. 泥塑/拉坯　　4. 上釉/修坯　　5. 烧制

图 4-4　陶器的制作流程

第二节　工匠精神的培育与践行

"纸上得来终觉浅，绝知此事要躬行"。将工匠精神融入教学实践的方方面面，让学生在工作过程中体验工匠精神，能帮助学生转变身份，满足工作需要。

教育部原部长陈宝生表示，大国工匠的涌现离不开职业教育。"我们既需要培养爱因斯坦，也需要培养爱迪生，也需要培养鲁班。"教育学生坚定理想信念，崇尚劳动，敬业守信，精益求精，勇于创新，报国成才，掌握中高端技术技能，使之成长为支撑"中国制造"向"质量制造"和"精品制造"的生力军。

职校生要从大国工匠身上汲取成才报国的动力，体味勇攀高峰的气概，感悟不忘初心的情怀，树立"行行出状元"的自信，坚守为国奉献和为人民服务的远大志向，成为工匠精神的传承者和弘扬者。

工匠精神培育与践行的有效途径如图 4-5 所示。

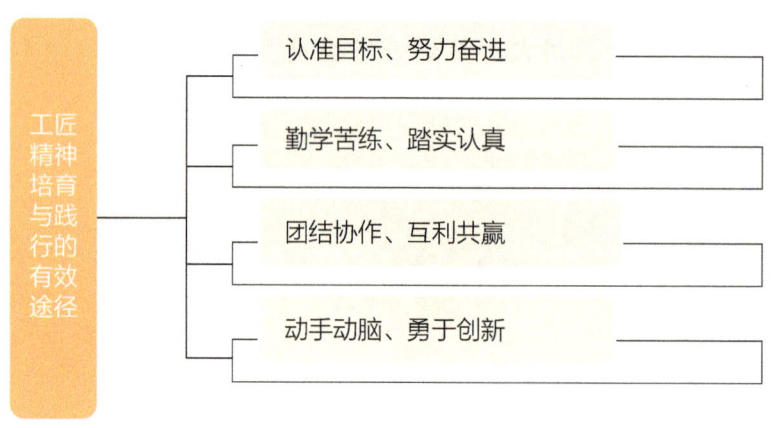

图 4-5　工匠精神培育与践行的有效途径

（一）认准目标、努力奋进

"贵有恒，何必三更起五更眠；最无益，莫过一日曝十日寒。"

目标是行动的导航灯。没有了目标，就像大海中失去方向的航船，不知道在何处靠岸、向哪里前行。

小李是一所中职学校计算机系的学生。一年级时，小李就为自己制订了一个三年计划，立志毕业后成为一名出色的动漫制作人员。三年里，小李不仅出色地完成了学业，还在业余时间自学了美工、编程等其他课程，最终找到了称心的工作，进入本地一家大型动漫制作公司，拿到了不菲的薪资，实现了自己初步的人生规划。

目标是茫茫戈壁的一片绿洲，是远行者手中的罗盘，黑暗中的光明，冰雪中的温暖和勇气。只有当人们有目标时，生活才有意义。

目标给生活带来转变。有了目标，生活才会有动力，有了不懈的追求和努力，人才会实现自我价值。学生应该学会规划自己的生活，设定自己的目标。设定目标后，我们如何实现自己的目标？答案是坚持不懈和不断努力！如果目标确定后，就没有了动力和毅力、努力和奋斗，那么目标只能是一个美丽的愿景，不能成为现实。只有不断努力，朝着心中的目标前进，才能达到成功的彼岸。

有梦想谁都了不起

广东云浮13岁独臂少年打篮球的视频在网络走红。视频里，一名独臂篮球少年运球的手速和过人的敏捷，让球星斯蒂芬·库里震惊了。2020年6月4日，库里寻找独臂篮球少年的话题迅速冲上微博热搜（Stephen Curry: Who is this kid? Help me find him! Keep doing you and don't let anyone tell you that you can't.），阅读量接近3亿。

"他的名字是张家城，今年13岁，来自广东云浮。"1.3万热心网友在库里微博下留言，帮助库里找到小张。46.8万网友点赞，惊叹于热爱能够创造的奇迹。

1."要么努力，要么放弃"

让美国职业篮球巨星折服的，是5岁时失去右臂的小镇少年张家城。

在那段爆红网络的视频里，他眼花缭乱的运球、熟练迅捷的变向、潇洒灵活的转身，令围观的人惊呼不断。因为他惊人的速度，不仔细看的人甚至看不出来他的"右臂"只是一截空荡荡的袖管。

张家城是广东省云浮市云安区高村镇中学的初一学生。5岁那年，他因手不慎卷入榨油机而失去部分右臂。2018年，高村镇政府举办了免费暑假少儿篮球培训班。在那里，他第一次接触到篮球。

"一只胳膊怎么打篮球？"周围的人难免有疑问，但小张什么也没说。

"打起来有点困难，但是很开心。"这是小张对篮球的第一印象。正是这种激情一直支撑着他面对每一个细小而不足为外人道的困难。运球、投篮，刚开始球总不断从手中掉落。打球时鞋带开了，需要同伴帮忙系好。手指磨破了皮，就找父母、同学帮忙缠上胶布。"要么努力，要么放弃"，是小张的座右铭。每天早上6时40分，张家城准时来到学校，拿起心爱的篮球——他要抓紧利用早读课前这段时间练球。

家、教室、篮球场，三点一线的生活日日重复。早读课前、中午放学后、下午放学后，学校的篮筐和塑胶球场，见证了他奔跑与运球的身影。周末学校球场关门，他就去镇上的球场，风雨无阻。

2."不接受'不'作为答案"

儿子这么拼，父母既心疼又支持。小张的母亲谭妙玲说，小张一直是个乐观的孩子，有了篮球，"他更自信了"。2019年暑假，父母给儿子在市区报了篮球培训班，训练他的身体和基本功。

平时，小张会看网上的篮球视频，模仿职业球员的技术动作。美国的欧文和库里是他最喜欢的球星。2020年3月，小张注册了抖音账号，发布的全是他平时打球和训练的视频。

但真正让小张走红网络的，是他在球馆里的视频。"请你尽全力防守我，就是对我最大的尊重。"面对比他高、比他壮、比他多一只胳膊的各路高手，张家城利用运球与变向寻找空间，最后完成进攻。

"心，永远都会是身体里最强壮的部位。"中国CBA球星易建联在转发小张打球视频时写下这样一段话。

互联网让少年坚持梦想的样子流传到大洋彼岸，击中了NBA球星的心。其中，就有小张最喜欢的库里。

这位勇士队后卫告诉张家城："坚持做你自己，不要让任何人说你不行。"收到偶像祝福的张家城留言："我会更加努力的。"

库里表达了对张家城的敬意。"你带给我们正能量，你不接受'不'作为答案，你努力克服困难，站在篮球场上，给大家展示篮球对你的意义。"

"篮球是我的梦想。"张家城说，自己梦想成为一名职业运动员，"我想对五年之后的自己说，要变得更加强大，要打上职业比赛。"

有梦想谁都了不起。但更了不起的，是敢为梦想拼尽全力。

（二）勤学苦练、踏实认真

在学习阶段，我们应该有吃苦耐劳、不懈追求的精神。因为只有这样，我们才能在追逐梦想的舞台上实现自己的目标、展示自己的技能。在学习的道路上，只有勤奋而坚定地掌握每一点知识，我们才能最终成功。

作为一名学生，我们更应当明白珍惜时间、勤学苦练、敬业认真是新形势下的迫切要求。学习的目的是掌握知识，如果我们只是盲目地学习，不去实践，不去应用我们所学的知识，只能是纸上谈兵。在新形势下，当代职校生更应注重实践能力的培养，把学校学到的知识带到工作中去，创造社会价值，实现自我价值。

王羲之——潜心苦学墨当饭

少年时期的王羲之以刻苦好学、机智勤敏而誉满乡里。

王羲之小时候，拜卫夫人为师学习书法。他的书法进步很快，7岁的时候，便在当地小有名气了，受到了前辈的喜爱和夸奖。王羲之在11岁的时候，就读了大人才能读懂的《笔说》。他按照《笔说》中所讲的方法，天天起早贪黑地写呀、练呀，简直都入了迷。过了一段时间，他看着自己写的字，与以前写的字进行比较，果然有些变化。一天，他的老师卫夫人看了后吃了一惊，对别人说："这孩子一定是看到书法秘诀了，我发现他近来的字，已达到一定水平了。照这样发展下去，这孩子将来在书法方面的成就一定会比我高。"王羲之并没有因老师称赞而沾沾自喜、骄傲自满，他临帖更用心、更刻苦了，甚至达到了废寝忘食的地步。一次午饭时间，书童送来了他最爱吃的蒜泥和馒头，几次催他快吃，他仍然连头也不抬，像没听见一样，专心致志地看帖、写字。饭都凉了，书童没有办法，只好去请王羲之的母亲来劝他吃饭。母亲来到书房，只见王羲之手里正拿着一块沾了墨汁的馒头往嘴里送，弄得满嘴乌黑。原来王羲之在吃馒头的时候，眼睛仍然看着字，脑子里也在想这个字怎么写才好，结果错把墨汁当蒜泥吃了。母亲看到这情景，忍不住放声笑了起来。王羲之还不知道是怎么回事呢！听到母亲的笑声，他说："今天的蒜泥可真香啊！"王羲之数十年如一日，勤学苦练，临帖不辍，练就了很扎实的功夫。

王羲之从开始练字，直到59岁去世，50年间笔墨不辍。正是其勤学苦练、持之以恒的精神，才成就了一代书法名家，后人尊称其"书圣"。

（三）团结协作、互利共赢

单丝不成线，独木难成林。"以团结互助为荣，以损人利己为耻"的社会主义荣辱观，进一步阐述了中华民族的传统美德。

古往今来，众多事例都充分证明了团结协作的重要性。例如，刘邦打败了曾经不可一世的项羽、三国时期的火烧赤壁、全国人民众志成城战胜"非典"等，都充分体现了团结协作的重要性。从"三个和尚没水喝"和"三只蚂蚁搬米"的小故事，可以看出三个和尚之所以没水喝，是因为互相推诿、不讲协作；三只蚂蚁之所以能轻轻松松将米抬着进洞，正是团结协作的结果。

案例故事

蔺相如与廉颇——将相和

战国时期,蔺相如是赵国的大臣,很有学识和才干。赵王特别欣赏他的才能,提拔蔺相如为相国。

廉颇是赵国的名将,任上卿,曾经多次带兵战胜齐国、魏国,是赵国的大功臣。当他听说赵惠王任命一个无名的蔺相如为相国,位居自己之上时,心中很不服气,表示要和他斗一斗。

这消息传到蔺相如耳中,他想:秦国虽然强大,但是始终不敢攻打赵国,这是因为文的有我,武的有廉颇,如果我们之间闹起矛盾,那就会影响国家的稳定。

一天,蔺相如带着随从在街上走,远远看见廉颇的车马过来了。蔺相如连忙躲到小巷中,等到廉颇的车队过去后他才走出来。这时手下的人气愤不平地说:"您和廉将军都是国家的上卿,并且您的地位在他之上,为什么我们要给他让路,我们怕他吗?"

蔺相如耐心地解释道:"秦王比廉颇威势大多了,我都不怕,怎能怕廉颇呢?不过我们应当以国家大事为重,平时多团结才对。"

众所周知,木桶是由多块木板组成的,其价值在于它能装多少水。然而,决定它的装水量的关键因素不是它的长板,而是它的短板。也就是说,任何一个组织都可能面临一个共同的问题,即组织的各个部分往往参差不齐,而劣势往往决定了整个组织的水平。但是,如果木板没有紧密连接,木桶就不能盛水。这就不是木桶能装多少水的问题了。

屠呦呦(中国首位诺贝尔医学奖获得者、药学家)和她的团队从蒿族植物中分离出青蒿素应用于治疗疟疾,这是团队团结合作的成果,是令人骄傲的。她带领团队开展科研攻关,同事们和屠呦呦一起翻阅中医药典籍、寻访民间医生,从蒿族植物的品种选择到提取方法的反复摸索,最终分离出青蒿素。为了检验青蒿素的效果,同事们和屠呦呦心甘情愿地在自己身上验证。若不是屠呦呦和团队一起合作探究摸索,青蒿素也就不会被分离提取,这就是团队成员之间的团结协作、互利共赢的结果。

(四)动手动脑、勇于创新

党的十八届五中全会提出:"坚持创新发展,必须把创新摆在国家发展全局的核心位置,不断推进理论创新、制度创新、科技创新、文化创新等各方面创新,让创新贯穿党和国家一切工作,让创新在全社会蔚然成风。"

罗昭强是高铁列车整车调试工。调试,不光要调,更得试。由于操作得在上亿元的现车上进行,一旦发现问题,师傅们说的最多的一句话就是:"别动!"如何能发现列车出厂前的隐性故障？又怎么处理车辆上线时的运行故障呢？罗昭强萌发了发明整车调试环境模拟技术，让受训人员可以随时进行实际操作的想法。最终，他成功发明了"高速动车组调试操作实训装置"，让以往对调试工两三年的培训周期缩短到了半年以内。罗昭强也先后获得4项发明专利、7项实用新型专利。罗昭强说："因为复兴号已经领先世界了，我们前面是没有路的，只有自己靠创新去开路。"

很多发明创造离不开打破思维常规，灵光乍现常常能带来意想不到的惊喜。世界上第一部听诊器的诞生就是缘于一次偶然的发现。法国的雷奈克发现用手在跷跷板的一端轻敲，在另一端贴耳倾听，竟然能清楚地听见敲击声。他正为没有一种器具可以检查病人的胸腔是否健康而发愁，这一发现给了他灵感。他用木料做成一个状如喇叭的听筒，大的一头贴在病人的胸部，小的一头塞进自己的耳朵里，借助听筒居然能听到病人胸腔内发出的声音。就这样，世界上第一部听诊器诞生了。

人类的创造力是无穷的，每个人都有很强的创造力。这取决于如何挖掘。有人说，富有创造力的人都是天才。事实上，他们只是拥有普通人所没有的观察力。关键在于，他们常常通过打破惯性思维来创造未来。

闲暇时刻，陈国信与书为伴，对照实际操作梳理专业理论知识。日积月累的坚持，让他成了高压带电作业领域的资深专家。

改变思维方式，帮助陈国信在工作中解决了许多问题。例如，他从自行车轴承那里汲取灵感，发明了省力丝杠，利用棍子撑开导线扩大操作距离的方法，解决了110千伏双回同塔带电作业的技术难题；他用胡萝卜雕刻出自己想要的工具模型，再将图纸和模型一起送到工厂，解决工厂师傅的打样问题。

陈国信的空闲时间大多用在了攻坚克难上。他将不断捕捉到的灵感，变成一个个具体的国家行业标准，获得了6项省部级及以上科技进步奖，12项发明专利，27项实用新型专利，40项国家专利授权……

听诊器的发明，陈国信的成功说明了什么？一个善于观察、善于思考、善于动脑的人，一定是一个善于发现机会、敢于开拓创新的人。他们会站在更高的角度，考虑事情的发展趋势。他们比只会埋头苦干、不去思考的人更容易获得成功。

创新是海尔发展的不竭动力。海尔集团始终坚持以技术创新作为发展的手段和依托，在发展过程中，从引进技术到整合国内外资源自主创新，坚持"技术创新课题来自市场难题"和"设计创造高质量、高附加值"的研发理念。海尔集团通过技术创新在市场上取得了长期的成功，营业额年平均增长率达到78%。物联网时代，海尔生态品牌正在实现全球引领。

华为从2万元人民币起家，从名不见经传的民营科技企业，发展成为世界500强和全球最大的通信设备制造商,创造了中国乃至世界企业发展史上的奇迹。华为成功的秘密就是创新。世界知识产权组织(WIPO)2019年的业绩报告显示,华为根据国际专利制度(也称为《专利合作条约》)在整个2019年一共申请了4411项专利,这也使得华为成为全球申请专利数量排名第一的科技企业。2019年,华为持续投入技术创新与研究,研发费用达1317亿元人民币,占全年销售收入15.3%,近十年投入研发费用总计超过6000亿元人民币。

创新是提升企业竞争力的法宝,同时也是一条充满了风险和挑战的成长之路。尤其在高新技术产业领域,创新是一个企业的生存之本和一个品牌的价值核心。

大国工匠李新海

每一滴青岛啤酒的出厂都要经过最后的过滤关。李新海就是这一关口的把关人之一。

过滤这一道工序看似简单,却十分关键。稍有差池,就有可能让之前的酿造前功尽弃。这其中,微生物是最大的敌人。经过深入研究,李新海发现,清酒罐体与管道间的取样阀是无菌取样的关键点。于是,他带头搞起了发明,和团队一起摸索、钻研,用了两三个月的时间,一款全新样式的取样阀诞生了。这项发明被青岛啤酒厂以李新海的名字命名为"新海无菌取样阀套",在青岛啤酒各个工厂推广使用。从此,李新海走上了发明之路,自创了过滤二氧化碳消耗控制方法、啤酒过滤浓度控制操作法、酒头酒尾罐使用操作方法、软管添加泵使用方法、降低清酒溶解氧操作法等多个先进操作法。

青啤人的工匠精神,不仅是指技艺,更是良心酿酒的执念。百年来,青啤一代代酿酒师,在传承酿造工艺的同时,也传递了专注、坚持的工匠精神。

随着生产设备的革新和技术的进步,人工在生产线上进行的工作越来越少了,但是李新海认为,设备越来越现代化、智能化,对人的要求也越来越高,更需要人的精细化操作和智慧驾驭。多年来,李新海坚持在每天到岗后仔细巡查一遍过滤车间的设备,"做就要做到101%,而不是'将就'和'差不多'"。

"只要在这个岗位上一天,就要认认真真地把这一天的工作做好,而且要越来越好。"李新海并不满足于目前的成就。李新海对自己的要求是,每天给自己提两个问题,在大脑中打两个问号。在这样的自我要求下,李新海在原来的高度上继续实现新的突破。

多年来,习惯没变,心愿也没变,就是每一瓶走下生产线的啤酒,都是最高品质,能给人们的生活,带来幸福的体验。多年来,他在坚守中不断前进,在前进中始终坚守,不变的,唯有初心。

制作液压停车场模型

机械模型在机械制造过程中具有重要的作用，从设计到生产再到测试，都离不开模型的支持。这些模型不仅提高了工作效率和产品质量，还促进了创新和技术的发展。

液压系统利用液体传递压力的能力，达到小力控制大力的效果。这一原理在各种机械设备、工具和交通工具中得到了广泛应用。制造液压停车场模型的材料如图 4-6 所示。根据液压停车场的立面图和顶面图，完成液压停车场模型的制作，并测试液压系统的性能。

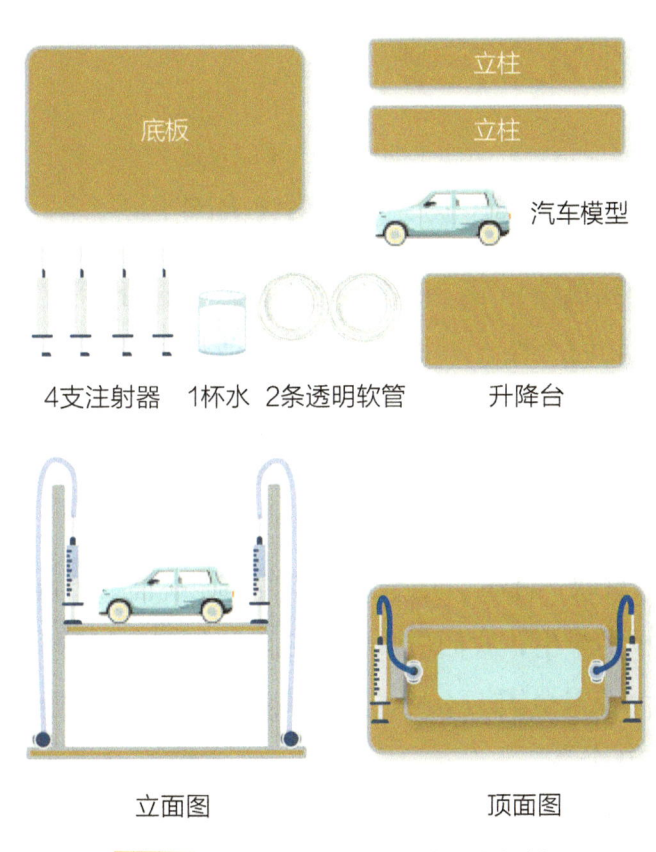

图 4-6　制造液压停车场模型的材料

《大国工匠》

中华民族五千年历史孕育了中国工匠精神的文化底蕴，自古至今，能工巧匠层出不穷、不胜枚举。

2015 年 5 月 1 日，中央电视台推出了八集系列节目《大国工匠》，令人深受教育和鼓舞。

多年来，经周东红捞的近千万张纸每张重量误差不超过 1 克，始终保持着成品率 100%

的纪录，他加工的纸也成为韩美林、刘大为等著名画家及国家画院的"御用画纸"；32岁的张冬伟，在液化天然气船上焊钢板，能使非常薄的钢板严丝合缝，做到焊缝小于一个针眼；60岁的潜水器首席装配钳工技师顾秋亮，能把密封精度控制在头发丝的1/50；中国商飞大飞机制造首席钳工胡双钱，加工过数十万个飞机零件，无一次品；在北京APEC会议上送给外国领导人的国礼之一，"和美"纯银丝巾果盘，是錾刻大师孟剑锋的惊世杰作，他錾刻的作品精美非凡，在只有0.6毫米的银片上，经过上百万次的精雕细琢才打造出的"丝巾"，由于过于逼真，让人看后会情不自禁伸手触摸……他们执着于各自的热爱与信仰，其专注令人心生敬畏。世界上总有一些人甘愿用自身的生命与追求去诠释产品的生命，坚忍不拔，坚守信念，正是工匠的精神所在。

【活动拓展1】 观看《大国工匠》

1. 通过周东红的简介和视频介绍，你认为他有着怎样的精神？
2. 《大国工匠》中人物的个性各不相同，但其职业精神很相似。说说大国工匠有哪些共同的特质？
3. 《大国工匠》中人物的职业各不相同，但其职业生涯发展有着相似的地方。说说大国工匠的职业生涯有哪些相似的地方？
4. "执着专注，一生只做一件事"是不是意味着不能跳槽，不能换工作？
5. 作为一名职业院校的学生，我们应从哪些方面践行工匠精神？
6. 请你结合视频，为获得全国五一劳动奖的大国工匠们拟定颁奖词，要求主题鲜明，语言得体，总字数不超过30个字。

【活动拓展2】 大国工匠进校园探究活动

随着央视《大国工匠》的热播，弘扬工匠精神，做大国工匠成为许多青年人的梦想。某校开展"大国工匠进校园"系列探究活动，请你一起来参与，并完成以下各题。

探究活动1：国务院印发的《中国制造2025》指出，要实现由中国制造向中国创造、中国速度向中国质量、中国产品向中国品牌的转变，关键要让"大国工匠"成为技术强国的生力军。然而，我国技能劳动者的数量只占全国就业人员总量的19%左右，高技能人才的数量更是仅占全国就业人员总量的5%。一流技术工人的短缺严重影响着产品质量和企业的前途，成为制约中国制造业发展的"瓶颈"。

请你从国家和劳动者的角度分别谈谈如何突破中国制造业发展的瓶颈。

探究活动 2：90 后电焊工裴先锋就业之初便下定决心：当工人，就当最优秀的工人，要为社会增光添彩！在培训期间，他格外勤奋，铁锤砸肿了手，他一声不吭；双手磨出了血泡，他咬牙坚持。功夫不负有心人，在第 41 届世界技能竞赛上，他不畏强手，一路过关斩将，实现中国人奖牌零的突破，展示了中国工匠的风采。

裴先锋的成功对我们青少年的成长有何启示？

探究活动 3：受"大国工匠"的启发，学生小明联想到自己的文化成绩不很突出，但动手能力较强，便萌生了上职业中学，做技术工人的想法。可是他妈妈不同意，认为"劳心者治人，劳力者治于人"，只有考大学、当公务员才有出息。

请你运用所学知识帮助小明说服他妈妈。

探究活动 4：邀请大国工匠孟剑锋来校做演讲，书法社结合孟剑锋的事迹拟写了一副"宝剑锋从磨砺出，和美精自细琢来"的对联。

请你结合孟剑锋的事迹分析这副对联的妙处。

【活动拓展 3】 发掘工匠精神

阅读案例，以大国工匠的角度思考案例中劳动者的行为是否恰当，以此发掘自身的工匠精神。

案例 1：某高级干部到某公司视察，临时要求接见该公司某知名技师。车间主任接到公司领导电话后，立即派人顶岗要求该技师前往会议室，没想被该技师拒绝。

案例 2：某技师在按照标准装配某产品时，在认为不影响产品性能和外观的前提下，将其中某零件省去，既减少了一道工序，又为企业节约了材料成本。

案例 3：某企业参加一场某行业产品国际展销会。在墙上悬挂公司展板时，根据目测判断展板的水平度，虽悬挂效果很好，但被展馆场地经理要求用水平仪重新检测。

案例 4：某大型车间安全员在进行晚间例行检查时，总感觉有疑似机器未切断电源而发出的声音，为确保安全，他索性将通向该车间的电源总闸关闭。

案例 5：某技师应邀到某企业维修某型号进口高级数控铣床，要求使用该机床进口原配检修工具；企业无法提供，该技师以此为由拒绝维修，扬长而去。

【活动拓展 4】 发扬工匠精神

阅读材料 1：据统计，全球寿命超过 200 年的企业，日本 3146 家，德国 837 家，荷兰 222 家，法国 196 家。这些长寿企业的生存秘诀是他们都在传承着一种精神——工匠精神！

虽然中国装备制造业的产值超过美国，成为全球第一。但不容否认的是，中国制造行业的整体素质和科技竞争实力与发达国家相比仍有较大的差距，与全球领先的装备制造企业相比，中国企业不缺技术，而缺少一种关注细节、从小事做起的工匠精神，难以产生一流的产品，也间接将消费者推向国外市场。

阅读材料2：我国历史上曾出现大量卓越的工匠，如善于解牛的庖丁、精于木工的鲁班等。专注细节、精益求精一直是中国工匠秉承的精神，这种精神铸就了传统制造业的辉煌，也是助推现代制造业发展的重要动力。有人大代表直言不讳地指出，"中国产品与日本、德国产品最大的差距是缺乏精益求精的工匠精神""唤起工匠精神，需要加强培训、管理、激励及岗位流动机制；促进工匠精神的传播与交流；提高对职业、技能教育的重视，让制造行业甚至全社会意识到工匠精神的可贵"。

1. 思考工匠精神的意义。

2. 如何更好地发扬工匠精神，助推制造业的发展？

3. 时代呼唤工匠精神，创新需要工匠精神。就培育个人的工匠精神提出两条建议，并指出这样做的依据。

【活动拓展5】 榜样的正能量

阅读材料1：杭州快递小哥李庆恒在从事快递行业5年后，被评为杭州市D类高层次人才。根据杭州市的人才引进措施，该级别人才将享有100万元购房补贴。这对于90后的李庆恒来说，无疑是巨大的肯定和鼓励，同时也让他在杭州安家的梦想变得触手可及。

阅读材料2：酒钢集团的一线技术工人杜均，通过了甘肃省人社厅组织的高级职称评审，破格获得正高级工程师的职称，成为甘肃首位名副其实的"工人教授"。

这些消息让许多一线技术工人感到十分欣慰，看到了希望的曙光，对前途充满了信心。

结合材料，谈谈你的看法。

【活动拓展6】 快递驿站服务劳动体验

快递驿站是这些年兴起的一种社区服务模式，它是由一些电子商务网络平台牵头建立的面向社区或校园的第三方末端物流服务平台，为客户提供包裹暂存、代寄等服务。请你找一家离家或离学校较近的快递驿站，与负责人商议进行一天（8小时）服务劳动，将劳动体验中的真实感受记录下来，分享给同学们。

填写表4-1，记录快递驿站中服务劳动的技巧以及注意事项。你在这份工作的劳动过程中通过什么方式能为企业创造更多的价值？

表 4-1 快递驿站的服务劳动

快递驿站服务劳动内容	劳动技巧	注意事项
1.		
2.		
3.		

为企业创造更多的价值的途径：

模块五
劳动保护

导 语

　　劳动者作为生产力中的决定性因素，对经济、社会的发展起着非常重要的作用。因此，必须注重对劳动者安全和健康的保护。

　　我们作为社会的劳动者，必然要用到劳动法规。在工作过程中，我们要走合法的程序，依法办事；当我们的合法利益遭受损害时，要勇于拿起法律的武器捍卫自己的权利！

　　职业院校学生都要参加实训和实习，在实训和实习中要注意什么，在学校的我们可能并不清楚。为了能更好地参加实训和实习，安全地完成实训和实习，学会必要的安全知识对职业院校学生来说非常重要。

第一节 劳动保护概述

一、劳动保护的基本内容与措施

劳动保护是国家和单位为保护劳动者在劳动生产过程中的安全和健康所采取的立法、组织措施和技术措施的总称。它是指根据国家法律、法规，依靠技术进步和科学管理，采取组织措施和技术措施，消除危及人身安全健康的不良条件和行为，防止事故和职业病的发生，保护劳动者在劳动过程中的安全与健康。

（一）劳动保护的基本内容

在劳动过程中，有一些因素对劳动者的安全健康产生影响。例如，劳动时间过长、劳动强度过大，会造成过度疲劳，容易发生工伤事故；女工和未成年工从事过于繁重的或有害妇女生理的劳动，也会给他们的健康造成危害。

劳动保护的基本内容包括：劳动安全、劳动卫生、未成年工保护、女工保护、工作时间与休假制度。

但是，劳动保护不包括员工其他劳动权利和劳动报酬等方面的保护，也不包括生活中的卫生保健和伤病医疗工作。

1. 劳动安全

劳动安全是指在生产劳动过程中，防止中毒、车祸、触电、塌陷、爆炸、火灾、坠落、机械外伤等危及劳动者人身安全的事故发生。

为了保护劳动者的劳动安全，防止和消除劳动者在劳动和生产过程中的伤亡事故，以及防止生产设备遭到破坏，我国制定了《中华人民共和国劳动法》和其他相关法律、法规以及劳动安全技术规程。劳动安全技术规程的内容包括：①机器设备的安全；②电气设备的安全；③锅炉、压力等容器的安全；④建筑工程的安全；⑤交通道路的安全。企业必须按照这些劳动安全技术规程使各种生产设备达到安全标准，切实保护劳动者的劳动安全。

2. 劳动卫生

劳动卫生是指对劳动过程中的不良劳动条件和各种有毒有害物质的防范，或者是防范职业病的发生。

为了保护劳动者在劳动生产过程中的身体健康，避免有毒、有害物质的危害，防止、消除职业中毒和职业病，我国制定了有关劳动卫生方面的法律、法规，如《中华人民共和国劳动法》《中华人民共和国环境保护法》《中华人民共和国安全生产法》《中华人民共和国职业病防治法》《工业企业设计卫生标准》《防暑降温措施管理办法》等。这些法律、法规都制定了相应的劳动卫生规程，主要包括：①防止粉尘危害；②防止有毒、有害物质的危害；③防止噪声和强光的刺激；④防暑降温和防冻取暖；⑤通风和照明；⑥个人保护用品的供给。

用人单位必须建立、健全劳动安全卫生制度，对劳动者进行劳动安全卫生教育，防止事故发生，减少职业危害；为劳动者提供符合国家规定的劳动安全卫生条件和必要的劳动防护用品，对从事有职业危害作业的劳动者进行定期的健康检查；对从事特种作业的劳动者进行专门培训。

陕西某村是"尘肺病"村，被查出的100多个尘肺病人中已有半数去世。起因是20世纪90年代后，部分村民自发前往矿区务工长期接触粉尘却没有采取有效防护措施。医疗专家组在普查和义诊中发现，当地农民对于尘肺病的危害及防治知识一无所知，得了病后认为无法治疗。很多患者只是苦熬，失去了最佳治疗时机。

3. 未成年工保护

未成年工是指年满16周岁不满18周岁的劳动者。由于未成年工的身体还没有完全发育成熟，从事某些工作会危害未成年工的生长发育和身体健康。因此，对未成年人就业做出了一些保护性的规定，主要包括：①用人单位不得安排其从事矿山井下及有毒有害的工作；②不得安排其从事国家规定的第四级体力劳动强度的劳动；③不得安排其从事其他禁忌从事的劳动，包括森林业伐木、流放作业、高空作业、放射性物质超标的作业以及其他会影响生长发育的作业；④要对未成年工定期进行健康检查。一般说来，这些未成年人虽然已经可以参加工作，但生理上和心理上还不成熟。如果未成年工在就业之前参加一两年的职业技术培训，掌握一些实用技术，在工作以后更能发挥自己的优势。

15岁的华华（化名）虚报年龄如愿进入服装厂。谁知，他做工时不小心将左手卷进机器中，为此断了两根手指，经鉴定为9级伤残。他的家人找到老板李某要求享受工伤待遇，但李某拒绝了："华华系童工，没有就业资格，不能享受伤残赔偿金。"华华无奈之下将李某诉至法院，索赔5万余元。

法院认为，华华和李某之间的事实劳动关系，因华华系未成年人而无效，但依法律规定，未成年人的合法权益受法律保护。李某未尽审查义务，非法雇用童工，致使华华受到伤害，应予以赔偿。

4. 女工保护

女工保护制度是国家根据妇女的生理特点，为保证女职工在生产过程中的安全和健康而制定的法律规范，以及由于社会原因，对女职工在劳动就业和劳动报酬方面给予保护的法律规范。

女工享有劳动权利，享有与男子平等的就业权利，实行男女同工同酬。妇女在政治、经济、社会和家庭生活等方面享有同男子平等的权利。但是，由于女职工自身生理的特殊性，我国对女职工实行"五期"保护，"五期"保护是对女职工的安全健康实施全面保护。这"五期"分别有女职工月经期保护、孕期保护、产期保护、哺乳期保护和更年期保护。

女职工合法生育享有奖励假期

1. 基本案情

罗某2015年4月7日入职广州某科技公司（以下简称科技公司），双方签订劳动合同，约定工资为9600元/月。罗某入职后，科技公司为其缴纳社会保险，至2018年7月停保。2018年1月19日罗某生育一小孩，并休产假至2018年8月17日。2018年8月28日，科技公司以罗某旷工超过一周，严重违反单位规章制度为由，向罗某发出《关于罗××旷工严重违纪的处理通知》，解除双方的劳动关系。但该通知只在公司的公告栏上张贴，并未邮寄给罗某。争议发生后，罗某要求科技公司支付奖励假工资25600元。仲裁裁决科技公司向罗某支付奖励假工资24814.94元。科技公司不服，向法院提起诉讼。

2. 裁判结果

一审判决：科技公司向罗某支付奖励假工资24814.94元；二审判决：驳回上诉，维持原判。

3. 法官说法

女职工生育后，除享有产假待遇外，生育符合法律法规的，另享有奖励假期，该期间用人单位需要正常发放工资和福利待遇。本案中，罗某合法生育，享有奖励假，科技公司未举证证实向罗某支付了该期间的工资，应予以支付。

（二）劳动保护的措施

1. 组织措施

1）制定和完善劳动保护法规和规章制度。例如，从机关、部门、企事业单位到管理人员和劳动者个人在劳动保护工作上的职权和责任的规定；劳动安全和劳动卫生的技术标准和现场作业规程；关于伤亡事故的调查、处理、统计和报告的规定；工时和休假制度；妇女劳动特殊保护的规定等。

2）设置劳动保护国家监察员，负责监督检查单位和个人执行劳动保护规章制度和安全卫生技术标准、作业规程的情况。同时，在企事业单位的班组（或车间），对本单位的劳动保护工作实行群众监督。

3）加强劳动保护科学研究，为制定劳动保护法规和安全卫生技术标准提供科学依据，为采用新技术、新设备拟定相应的劳动保护技术措施，研制监测仪器设备。

4）开展劳动保护宣传教育。例如，在职业院校设置劳动保护专业，培养高级专门技术人才；培训生产管理人员和劳动保护专职人员；对特殊工种工人实行专业训练和考试发证制度；利用电影、电视、广播、报刊、展览等形式普及劳动保护理论和技术知识。

2. 技术措施

技术措施主要包括：对由于物理、化学等因素可能突然发生的不安全因素，对由于机械性的伤害（包括机械传动部分的设备和工具引起的砸、割等伤害），对由于高空坠落引起的伤害，对由于从事有毒有害的作业而引起的伤害等所采取的相应预防性技术对策和防护措施。

在我国，按照劳动保护立法，各级政府机关、企事业单位及其管理人员，都必须采取各种组织措施和技术措施，为劳动者建立安全、卫生、舒适的劳动条件；预防和消除劳动过程中的伤亡事故、职业中毒和职业病的发生；保护劳动者的身体健康和生命安全；提高劳动者持久的劳动能力，避免社会劳动力和物质财富的不应有的损失。

二、劳动安全设施

（一）劳动安全设施的种类

劳动安全设施的种类有安全技术方面的设施、劳动安全卫生方面的设施、生产性辅助设施和劳动防护用品。

1. 安全技术方面的设施

常见的安全技术方面的设施如下：

1）机床、提升设备、机车、农业机器及电气设备等传动部分的防护装置，在传动梯、吊台上安装的防护装置及各种快速自动开关等。

2）刨床、电锯、砂轮及锻压机器上的防护装置，有碎片、屑末、液体飞出及有裸露导电体等处所安设的防护装置。

3）升降机和起重机械上的各种防护装置。

4）锅炉、压力容器、压缩机械及有各种爆炸危险的机器设备的安全装置和信号装置。

5）各种联动机械之间、工作场所的动力机械之间、建筑工地上为安全而设的信号装置，以及在操作过程中为安全而设的信号装置。

6）各种运转机械上的安全起动和迅速停止装置，各种机床附近为减轻工人劳动强度而专门设置的附属起重设备。

7）电气设备的防护性接地，以及其他防触电设施。

8）在生产区域内危险处所设置的标志、信号和防护装置。

9）在高处作业时，为避免工具等物体坠落伤人以及防坠落摔伤而设置的安全网等。

2. 劳动安全卫生方面的设施

劳动安全卫生设施是防止事故发生，减少职业危害的一项重要措施。企业都应根据各自的生产特点，采取各种办法，完善各种劳动安全卫生设施，保障劳动者的安全与健康。

常见的劳动安全卫生方面的设施如下：

1）为保持空气清洁或使温度符合劳动卫生要求而设置的通风换气装置和采光、照明装置等。

2）为消除粉尘危害和有毒物质而设置的除尘设备及防毒设施。

3）防止辐射危害的装置及隔热、防暑、降温设施。

4）为劳动卫生而设置的对原材料和加工材料的消毒设施。

5）为改善劳动条件而铺设的各种垫板。

6）减轻或消除工作中的噪声及震动的设施。

3. 生产性辅助设施

常见的生产性辅助设施如下：

1）专为职工工作准备的饮水设施。

2）从事高温作业或接触粉尘、有害化学物质或毒物作业人员专用的淋浴设备或盥洗、干燥、消毒设备。

3）为从事高温作业等的工人修建的倒班休息室。

4. 劳动防护用品

使用劳动防护用品的一般要求如下：

1）劳动防护用品使用前应首先做一次外观检查。检查的目的是认定用品对有害因素防护效能的程度，用品外观有无缺陷或损坏，各部件组装是否严密，启动是否灵活等。

2）劳动防护用品的使用必须在其性能范围内，不得超极限使用；不得使用未经国家指定、经监测部门认可（国家标准）和检测还达不到标准的产品；不能随便代替，更不能以次充好。

3）严格按照使用说明书正确使用劳动防护用品。

劳动防护用品可分为头部防护、呼吸防护、眼部防护、听力防护、脚部防护、手部防护、身体防护、防坠落用具、护肤用品等。

企业应重点使用通过国家及国际标准的防护用品。

（二）劳动安全卫生设施标准

根据《中华人民共和国劳动法》第五十三条的规定：劳动安全卫生设施必须符合国家规定的标准。新建、改建、扩建工程的劳动安全卫生设施必须与主体工程同时设计、同时施工、同时投入生产和使用。

三、劳动者在安全生产方面的权利、义务与责任

我国劳动安全法律体系已经形成了以《中华人民共和国宪法》和《中华人民共和国劳动法》为根基，以《中华人民共和国安全生产法》为主干，以《中华人民共和国刑法》《中华人民共和国工会法》等相关条款和大量行政法规、部门规章和地方立法为枝叶的较为完整的法律体系。

1. 劳动者在安全生产方面享有的权利

1）签订劳动合同时，应写明有关保障劳动者劳动安全、防止职业危害、依法为劳动者办理工伤社会保险等事项。用人单位不得以任何形式与劳动者订立协议，免除或减轻其对劳动者因生产安全事故伤亡依法承担的责任。

马某与一煤矿签订了一份合同，合同规定，在合同期间发生意外事故，无论什么原因，煤矿概不负责。之后，矿井大面积倒塌，马某受重伤。马某家属要求煤矿支付医疗费，但煤矿以合同规定为由，拒不支付医疗费。马某及其家属诉诸法院，法院裁定该合同有关意外事故造成人员伤亡概不负责的约定是违法的，其协议无效，煤矿应当支付马某的全部医疗费并给予适当的生活补助费，建议劳动管理部门对煤矿的安全隐患进行检查，督促整改。

2）劳动者有了解生产作业场所和工作岗位存在的不安全因素和职业危害的权利。用人单位有义务将劳动者生产作业场所和工作岗位中存在的可能导致生产安全事故或者职业病的危害因素如实、全面地告知劳动者。

3）劳动者有权了解和掌握生产安全事故、职业病的防范措施和应急处理措施，并对本单位的劳动安全卫生工作提出意见、建议。用人单位有义务将生产安全事故和职业病的防范措施和应急处理措施告知劳动者。

4）劳动者有权对本单位安全生产工作中存在的问题提出批评、检举、控告，有权拒绝违章指挥和强令冒险作业。用人单位不得因此而降低劳动者的工资、福利等待遇或解除劳动合同。

5）劳动者发现直接危及人身安全的紧急情况时，有进行紧急避险的权利，即可以停止作业或者采取可能的应急措施后撤离作业场所。用人单位不得因此而降低其工资、福利等待遇或解除劳动合同。

6）因生产安全事故受到损害的劳动者，除依法享有工伤社会保险外，还可依照有关法律的规定向用工单位提出赔偿要求。

劳动安全操作规程是国家为保护劳动者在劳动过程中的生命安全和健康利益而制定的。用人单位和劳动者作为义务人都必须严格遵守。

陈某是某工程队的起重工。工程队承建某居民生活小区内的桥梁工程，陈某被派前往吊装水泥桥面板。因施工场地狭窄，将桥面板从载重车上吊到施工现场要跨过一条正在施工的道路，陈某向现场负责人提出，将正在路面上铺设水泥的工人暂时撤离现场才能吊运，负责人不予理会，命令陈某继续作业。陈某认为这样存在很大的安全隐患，可能发生事故，于是坚持要求路面施工人员离开，否则不干。现场负责人非常恼火，打电话给工程队队长，另派了一名起重司机吊运，同时决定以"不服从正常工作安排"为由，扣发陈某当天工资和当月奖金。陈某不服，向劳动争议仲裁委员会申请仲裁，要求工程队补发被扣的工资和奖金。

仲裁裁决，用人单位应补发陈某的工资和奖金，并赔偿经济损失。

2. 劳动者在安全生产方面应履行的义务

1）劳动者在劳动过程中，认真学习并严格执行各项安全技术操作规程和安全技术交底，应当严格遵守本单位的安全生产规章制度和操作规程，服从管理，正确佩戴和使用劳动防护用品。

2）劳动者应当接受安全生产教育和培训，掌握本职工作所需要的安全生产知识，提高安全生产技能，增强事故预防和应急处理能力。

3）发扬团结友爱精神，互相帮助、互相监督。做到不伤害自己，不伤害别人，不被别人伤害。

4）劳动者发现事故隐患或者其他不安全因素，应当立即向现场安全生产管理人员或本单位负责人报告，并主动向事故调查组提供客观证据和事故经过。

3. 劳动者违反有关安全生产规定要承担的责任

劳动者不服从管理，违反安全生产规章制度或者操作规程的，由用人单位给予批评教育，依照有关规章制度给予处分；造成重大事故，构成犯罪的，依照刑法有关规定追究刑事责任。

安某承包了村民何某家加盖二层房屋工程，施工人员吴某在二楼楼道拉手推车的过程中，因临空一侧未设置防护栏等安全设施，手推车一边车轮走空，导致人和车一起摔到一楼，造成吴某头部等多处受伤，经抢救无效死亡。

安某在组织工人加盖二层房屋时，未在施工现场临空一侧设置防护栏等安全设施，造成一人在施工过程中坠亡。其行为构成了重大劳动安全事故罪。

四、劳动法律法规

我国制定出一系列保护劳动者的法律法规，形成了一个较完善的劳动法律体系。

（一）劳动法律法规的概念

劳动法律法规是我国社会主义法律体系中，调整劳动关系以及与劳动关系有密切联系的其他社会关系的法律规范的总称。各国劳动法的表现形式不同，但大多包括以下基本内容：劳动就业法、劳动合同法、工作时间和休息时间制度、劳动报酬、劳动安全与卫生、女工与未成年工的特殊保护制度、劳动纪律与奖惩制度、社会保险与劳动保险制度、职工培训制度、工会和职工民主管理制度、劳动争议处理程序，以及对执行劳动法的监督和检查制度等。

劳动法最早属于民法的范围，随着工业革命的发展，劳动法在各国的法律体系中日益占有重要的地位，逐渐脱离民法而成为一个独立的法律部门。

（二）保护劳动者的法律法规

1.《中华人民共和国宪法》

《中华人民共和国宪法》是劳动法律法规的最高法律。

某企业在某中专院校招聘缝纫工。当小风兴致勃勃地前往应聘时，该企业却以其录取对象中规定"男性身高1.70米以上、女性身高1.55米以上"为由，将身高不足1.70米的小风拒之门外。

毋庸置疑，该企业的行为是错误的，小风有权请求有关部门（如劳动部门）确认该企业身高歧视的行为违法。我国宪法规定公民享有劳动的权利。这种权利除国家特殊职业需要并由法律、法规明确规定外，不分年龄、性别、高矮、长相等，平等地享有，不得含有任何歧视。

《中华人民共和国宪法》第四十二条规定，中华人民共和国公民有劳动的权利和义务。

《中华人民共和国宪法》第四十三条规定，中华人民共和国劳动者有休息的权利。国家发展劳动者休息和休养的设施，规定职工的工作时间和休假制度。

2.《中华人民共和国劳动法》

《中华人民共和国劳动法》是为了保护劳动者的合法权益，调整劳动关系，建立和维护适应社会主义市场经济的劳动制度，促进经济发展和社会进步，根据宪法，而制定的法律。1994年7月5日第八届全国人民代表大会常务委员会第八次会议通过《中华人民共和国劳动法》。根据2009年8月27日第十一届全国人民代表大会常务委员会第十次会议《关于修改部分法律的决定》第一次修正《中华人民共和国劳动法》。根据2018年12月29日第十三届全国人民代表大会常务委员会第七次会议《关于修改〈中华人民共和国劳动法〉等七部法律的决定》第二次修正《中华人民共和国劳动法》。

《中华人民共和国劳动法》对劳动合同和集体合同、工作时间和休息休假、工资福利、劳动安全卫生、女职工和未成年工特殊保护、职业培训、劳动争议与法律责任等问题做了明确的规定。《中华人民共和国劳动法》成为其他劳动法律法规的依据。

随着我国经济的不断发展，社会上开始出现越来越多的新生行业，以及轻体力劳动，这也给了许多学生在学习之余通过兼职打工来获取零花钱的途径。但是，往往这样的行为都没有签订劳动合同，那么学生做临时工，老板不给钱犯法吗？

1. 解决办法

拖欠工资、不发工资、克扣工资可以打12333（人力资源和社会保障局）和12345（市长热线）电话投诉，也可以到劳动监察大队投诉。由于公司未能按时发放劳动报酬，当事人可以申请解除劳动合同和劳动关系，并要求经济补偿。当事人可以向当地劳动监察行政部门进行举报，由劳动监察大队责令用人单位支付工资，劳动监察大队协调不成的，劳动者可以申请劳动仲裁。对劳动仲裁结果拒不执行的，可以申请法院强制执行。

根据《中华人民共和国劳动法》的规定，劳动争议如协商不成，可以通过调解、仲裁、诉讼三种手段加以维权。

2. 相关法律法规

《最高人民法院关于审理劳动争议案件适用法律若干问题的解释（二）》

第三条　劳动者以用人单位的工资欠条为证据直接向人民法院起诉，诉讼请求不涉及劳动关系其他争议的，视为拖欠劳动报酬争议，按照普通民事纠纷受理。

《中华人民共和国劳动争议调解仲裁法》

第九条　用人单位违反国家规定，拖欠或者未足额支付劳动报酬，或者拖欠工伤医疗费、经济补偿或者赔偿金的，劳动者可以向劳动行政部门投诉，劳动行政部门应当依法处理。

《劳动保障监察条例》

第十七条　劳动保障行政部门对违反劳动保障法律、法规或者规章的行为的调查，应当自立案之日起 60 个工作日内完成；对情况复杂的，经劳动保障行政部门负责人批准，可以延长 30 个工作日。

从以上分析，我们可以看出在我国不管是什么情况下的劳动关系，具体有没有劳动合同约束，只要劳动者按照给予工作的人的要求，合理合法地完成了自己的工作任务，那么就必须给予薪酬。

3.《中华人民共和国劳动合同法》

《中华人民共和国劳动合同法》是为了完善劳动合同制度，明确劳动合同双方当事人的权利和义务，保护劳动者的合法权益，构建和发展和谐稳定的劳动关系，而制定的。第十届全国人民代表大会常务委员会第二十八次会议于 2007 年 6 月 29 日通过《中华人民共和国劳动合同法》，自 2008 年 1 月 1 日起施行。

不签劳动合同、试用期内违反试用期规定的企业要支付赔偿金，违法解除劳动合同的企业也要支付赔偿金……一系列能给劳动者带来实际利益的对于企业违法行为的惩罚性规定，让劳动者鼓起了维权的勇气。《中华人民共和国劳动合同法》实施后，来自全国各地的劳动争议案件激增，越来越多的劳动者开始拿起法律武器维权。

某公司在与赵某就劳动合同细节问题商谈时，完全背离实际情况，并做出了虚假的承诺，使赵某信以为真。赵某与该公司签订了合同后，发现公司当初的承诺不可能兑现。

依据《中华人民共和国劳动合同法》的相关规定，以欺诈、胁迫或者乘人之危，使对方在违背真实意思的情况下订立或者变更劳动合同的，劳动合同无效或部分无效。赵某是在被欺骗的情况下与公司签订劳动合同的，因此该合同是无效的。

4.《中华人民共和国劳动争议调解仲裁法》

为了公正及时解决劳动争议，保护当事人合法权益，促进劳动关系和谐稳定，中华人民共和国第十届全国人民代表大会常务委员会第三十一次会议于 2007 年 12 月 29 日通过《中华人民共和国劳动争议调解仲裁法》，自 2008 年 5 月 1 日起施行。

仲裁处理时限缩短、劳动争议仲裁免费、举证责任倒置情形增加、仲裁时效延至一年等规定，用法律的形式固定了一系列有利于劳动者降低维权成本、快速维权、成功维权的规定。这使劳动者不再因为劳动争议仲裁及诉讼周期长、程序烦琐而放弃自己的正当权利。

某公司招聘李先生为中国某大区的营销总监，并与其签订了为期3年的合同，约定试用期为4个月。3个月后，公司单方面提出解除合同，原因是李先生没有达到公司的季度营销目标。为此，李先生向劳动仲裁委员会提出了申诉，仲裁的结果是公司败诉。原因是当公司被质询时，公司无法出具当初双方认可的职务要求，既然没有约定要求，公司无法证明其不符合录用条件。

5.《中华人民共和国劳动合同法实施条例》

《中华人民共和国劳动合同法实施条例》是为了贯彻实施《中华人民共和国劳动合同法》而制定的。2008年9月3日中华人民共和国国务院第二十五次常务会议通过《中华人民共和国劳动合同法实施条例》，由国务院于2008年9月18日发布并实施。

6.《企业职工带薪年休假实施办法》

《企业职工带薪年休假实施办法》为实施《职工带薪年休假条例》制定。《企业职工带薪年休假实施办法》于2008年7月17日经人力资源和社会保障部第六次部务会议通过，由人力资源和社会保障部于2008年9月18日发布并实施。

该办法规定了职工到底休多长时间、怎么休、什么时间休以及休假时的待遇等。据此，劳动者可以指出企业哪里违法并维护自己的权益。

王某到某环卫服务公司从事道路清扫保洁工作，签订合同期限为两年零两个月。劳动合同履行期间，公司未安排王某休年休假，也未支付相应报酬。王某遂诉至法院，法院判决该环卫服务公司支付王某未休年休假的工资报酬677.54元。

李先生是一家数码公司的市场营销部主管。2016年4月25日，李先生向公司提交了一份离职申请书，明确写明因个人原因，解除与数码公司的劳动合同。随后，李先生与数码公司办理了相关的离职手续。李先生在与数码公司商讨解除劳动合同事宜时，主张其2016年年休假未休，数码公司应当支付其未休年休假工资。数码公司主张，因李先生系个人原因提出离职，故不同意支付其未休年休假工资。李先生将数码公司诉至法院，主张数码公司应支付其2016年未休年休假工资。

法院经审理认为，享受带薪年休假是劳动者的一项权利，该项权利并不因劳动者自行离职而不存在。数码公司未安排李先生休年休假，应当向其支付未休年休假工资。数码公司主张因李先生系个人原因提出离职，用人单位无须支付其未休年休假工资的抗辩，于法无据，法院不予支持。故依法判决数码公司支付李先生2016年未休年休假工资。

劳动保护
劳动仲裁的流程

安全带的佩戴

安全带是防止高处作业人员发生坠落或发生坠落后将作业人员安全悬挂的个体防护装备。按照使用条件，安全带可以分为围杆作业安全带、区域限制安全带、坠落悬挂安全带。安全带是连接人体与安全绳的重要装备，正确的佩戴方法可以确保在发生意外时能够有效保护我们的安全。安全带的佩戴如图5-1所示。

图5-1 安全带的佩戴

步骤1：按工作环境选择相应型号的安全带，以便更好、更有效地保护生命安全。

步骤2：找到背部D形环，拉起D形环，理顺安全带。确认安全带的方向，肩部的安全带在上，腿部的安全带在下。穿上全身式安全带。正确地调整好肩部安全带的位置。

步骤3：正确地调节好跨部安全带并扣紧。检查跨部安全带是否扭曲、缠绕。确认带扣已经正确地扣紧。

步骤4：扣好胸部安全带。检查胸部安全带是否扭曲、缠绕。确认带扣已经正确地扣紧。

步骤5：调整肩带（如果该安全带可调）位置，直到感觉舒适且松紧适中为止。

步骤6：调整跨带位置，直到感觉舒适且松紧适中为止。

注意：安全带必须尽可能地紧贴身体，但是要保证可以自由移动。前面的附加装置必须一起同时使用，以便在万一摔落时保证纵向的保护，并且尽可能地避免不规则的受力情况的发生。对任一组件或系统有疑惑，请立即更换。

第二节　学校劳动安全与实训实习安全

自己动手为大家创造一个干净整洁的学习和生活环境，是件成就感十足的事。但同学们一定要把安全放在首位，防止劳动过程中发生人身伤害。

常言道，"安全责任重于泰山"。在校企合作的背景下，学校应高度重视学生的生产实习，尤其是顶岗实习阶段的安全教育；学生也应提高防范意识，安全顺利地在企业完成顶岗实习，圆满完成职业教育的任务。

一、学校劳动安全

学校劳动一般分为校内劳动和校外劳动。校内劳动是指值日、大扫除、手工课上的小制作等。校外劳动多为公益劳动。在组织这些劳动时必须注意安全。学生在参加正常教学范畴内的劳动时，学校应尽到相应的教育、管理和保护职责。

学生小明在学校组织的卫生大扫除活动中，被安排清理校园内的树根，劳动工具是校方自制的铁铲。铁铲又大又重，小明从来没有参加过此类劳动，在铲除露出地面的树根时，不慎将腰部扭伤。受伤后，小明的父母带着他就诊，治疗花费1.8万元。家长和校方就赔偿问题产生争议。

根据《中华人民共和国义务教育法》第三十四条的规定，学校组织学生卫生大扫除，目的是净化校园的卫生环境，小明接受学校的安排参加大扫除活动任务与其年龄和身体状况相适应，因此，单纯从义务劳动的目的性和组织活动的适当性上是没有问题的。

根据《学生伤害事故处理办法》第九条的规定，学校违反有关规定，组织或者安排未成年学生从事不宜未成年人参加的劳动、体育运动或者其他活动造成的学生伤害事故，学校应当依法承担相应的责任。结合本案来看，能够证明学校对小明的人身损害事故的发生具有过错的行为在于校方分发自制的劳动工具。在大扫除过程中，造成小明受伤的主要原因在于其使用的工具铁铲超出了其自身能承受的劳动强度。校方能够预见这种超过学生劳动能力的劳动工具在使用中可能会对学生产生伤害，而仍然提供给学生使用，主观上具有过错。从该伤害事故发生的原因分析，小明使用过重的劳动工具是造成腰部扭伤这一损害事实的主要原因，因此学校应当承担主要的民事赔偿责任。

（一）学生应注意的劳动安全

劳动保护
职业病尘肺的防治

1. 遵守劳动纪律

1）合理地分好小组，以小组为单位，实行岗位责任制。

2）教室打扫卫生，不要拿着扫帚等劳动工具相互追逐打闹，以免跌倒、碰撞等，造成意外伤害。打扫清理后的垃圾和杂物，放到指定区域，不要私下堆积燃烧，以免污染环境或引起火灾。

3）在做清洁卫生时，要防止滑倒跌伤、玻璃刮伤、钉子刺伤等。在需要用木梯时，必须有人扶稳，不能用桌、椅堆叠当梯子使用。

4）谨慎使用洗涤用品，一旦洗涤液溅入眼睛，应立刻用清水冲洗，严重的要立刻送医救治。

5）不要在带电状态下擦拭灯具、风扇等电器，必须先确定电源已切断，且在擦拭过程中，其他同学不得拨弄开关，以免造成擦拭电器的同学触电。

6）不要清扫危险部位，如窗户外面。即便擦拭内窗玻璃，也要格外小心，必须关窗进行。千万不要站在阳台上或将身体探出窗外，严防坠落事故发生。

7）需要带工具劳动时（铁锹、铁铲等），不要拿工具追跑打闹。劳动工具不要扛在肩上，以免碰伤别人，要手握工具把，使工具头朝下。

8）劳动中发现问题，要及时找教师解决。

2. 量力而行

量力而行是根据自己的身体情况参加一定的劳动。

1）身体不舒服，生病或有慢性病时，不要勉强参加劳动。

2）病刚好时，不要勉强参加劳动。

3）劳动量过大时，应及时反馈，不要勉强参加劳动。

4）劳动时，不要逞强，不要和别人攀比。

3. 劳动注意事项

1）在田间劳动时，要注意不触碰农药、杀虫剂、杀草剂等有毒药品。

2）在烈日下或严寒的天气劳动，注意防晒与防寒。

3）在高温或容易造成伤害的工厂劳动，如铅印厂、电池厂、钢铁厂等，注意劳动保护。

4）参加高空作业、地下施工等劳动，注意人身安全。

5）参加夜间劳动，注意集中精力。

（二）学校应尽的职责

1）在组织学生参加勤工俭学和校外劳动时，应事先考察劳动环境，消除不安全因素。应事先确定劳动的场地范围，检查劳动工具，预见可能导致伤害的不利因素，制定安全预案。

2）在劳动前对学生进行劳动安全教育，讲清楚劳动的内容、注意事项、纪律要求、工具使用方法、事故的防范和自救办法等，提高学生的自我安全保护意识和能力。例如，某校在组织学生参加"蓖麻爱心助学"活动中，让学生利用校园空地种植蓖麻，因忽视宣传蓖麻子的毒性，致使多名学生因误食蓖麻子而中毒。

3）在劳动过程中要有教师在场指导、监督和管理。例如，某日上午，高某按学校要求到校打扫卫生，同天值日的李某让高某清除垃圾，由于高某未听见，因此李某就上前猛推了高某一把，不慎将高某推翻在地，致使高某的鼻梁骨骨折。法院经审理后认为，高某是无民事行为能力人，按照学校要求到校打扫卫生，学校应该安排教师在现场指导和监督。但是，学校并没有安排教师在现场指导，说明学校在管理上存在漏洞，应承担适当的责任。

4）劳动结束后要注意清点学生人数，确保学生安全返校。

二、学生社会实践活动安全须知

为了让学生走出校园，利用假期时间将理论与实践相结合，每到假期，学校团委组织的假期社会实践活动数量之多，学生覆盖面之广，持续时间之长，学生独立操作性之强，是校内其他活动都无法比拟的。安全开展学生假期社会实践是确保整个教育活动顺利开展的重要保障。

（一）学生应注意的安全事项

1）在外出活动时，实践成员应掌握基本的生理卫生常识和相应的急救知识，随身携带常用应急药物；在遭遇非人为性的突发事件时，保持冷静并进行适当处理，如果情况严重及时送往医院诊治。另外，在实践期间，注意搞好个人卫生。

2）增强实践成员的安全自卫意识，保持一定的警惕心理，保管好个人贵重财物；同时在实践中减少单独活动和夜间活动，尽量采取小组活动的形式，活动行程应及时向团队报告，不单独到陌生或者荒僻的地方。遭遇偷窃、抢劫以及其他意外伤害，应保持冷静，灵活应对，以保证自身安全为前提，并及时报案。

3）加强实践成员的交通安全意识，交通事故发生后应尽快将伤者送往医院，并注意保护现场，及时向相关交通部门报告。

4）活动期间尽量远离危险设施或危险地段，如果需要接触和经过时，必须有专业人士陪同，并做好安全防范措施。

5）在公共场合注意自身言行举止的得体，尽量避免与人争执，采取克制忍让的态度。如果与社会人员发生争吵甚至斗殴，现场同学应及时制止，防止事态恶化；如果不听劝阻，应迅速联系公安部门共同处理。

6）要求团队实践成员留下有效的联系方式，并与院系办公室保持信息沟通渠道的通畅；注意和实践地建立良好的合作关系。

7）尽量避免到人群拥挤的地方，在公共场所或参加大型实践活动要保持秩序，注意自我保护，如发生踩踏事故，受伤后及时送往医院。

8）掌握基本安全常识，不到有安全隐患的场所，如发生火灾等灾害，一切以保障人员安全为第一位，及时组织人员疏散逃生。

（二）学校应尽的职责

1）出发前，应再次与实践地联系，确保所有安排（如食宿交通）都已妥当。

2）出发前，应办理好在实践地活动所需的必要证件和证明。

3）出发前，应充分考虑到可能出现的安全情况，组织学生学习基本安全问题的预防措施以及应对技巧，熟悉当地习俗和历史、地理等情况，并根据自身的具体情况做出相应的应急准备。

4）在实践过程中，强调组织纪律性，成员要听从教师或领队的指挥，教师或领队应与每名队员随时保持联系。

5）把安全工作作为整个社会实践活动的重中之重来抓，建立社会实践安全保障专人负责制，各项安全措施要落实到人，确保外出实践师生的人身、财产安全。

6）建立假期社会实践值班制度，安排专人值班。各实践队伍必须每日向学院报送安全信息，并由学院统一上报校团委。如果遇突发事件，应在第一时间上报，值班教师收到信息后须及时报告校总值班室。

7）学校必须给参加社会实践的学生参保（人身、财产安全）。

8）签订学生社会实践活动个人安全责任承诺书，如图5-2所示。

```
_____年学生社会实践活动个人安全责任承诺书

    本人自愿参加学校_____年学生社会实践活动，并保证本人身体和心理状况适合参加本次社会实践活动，对本次社会实践活动的目的、性质、实践地的情况以及可能的风险有清楚的了解，详细阅读并全部理解教育部令第12号《学生伤害事故处理办法》（2002年9月1日生效）。在社会实践期间，本人保证将自觉遵守国家法律法规和学校纪律，严格执行学校关于社会实践的各项规定。如出现下列情况，依据本责任书和有关规定处理：
    1.本人财物的遗失、被盗、毁坏等经济损失由本人承担。
    2.由于本人过错、不可抗力因素、意外事件导致的自身人身伤害依据《学生伤害事故处理办法》（教育部令第12号）第十二条、第十三条处理。
    3.本人实施的违法行为，或违反实践当地各项规定以及民族习惯等行为所造成的损失和引起的法律责任由本人承担。
    4.由于本人的过错造成的第三方的人身伤害或经济损失由本人承担。本人已经详细阅读并认可本承诺书，对整体内容和各项规定均无异议。
    学院：      年级：      团队名称（若为分散参加活动个人不填）：
                                                          本人签字：    年   月   日
```

图5-2 学生社会实践活动个人安全责任承诺书

三、校内实训安全

机床在高速运转过程中，很容易夹卷操作人员的衣物、头发等，从而将操作人员卷进机床，造成伤亡。例如，某高校一男生在铣床实习时，用两把三面刃铣刀铣一个铜件台阶时，没有用毛刷清除碎屑，而是用戴着手套的手去拨抹切屑，手套连同手被绞了进去，尽管指导教师及时切断电源，但该生的中指已被切掉1厘米。某高校女生在车床实习时，未按要求将长辫置于帽内，在操作时不慎将头发绞进丝杆，所幸被身边指导教师及时发现并拉下总闸，但由于停车惯性，该女生的头皮还是受到了损伤。

一些实习车间油料、布料等易燃易爆物品较多，虽然都有"严禁烟火"的警示标语，但仍有个别人员携带火种，或是电线线路老化引起短路，造成火灾、爆炸事故。例如，某高校学生李某在车床实习期间，违反规定在车间吸烟，将未熄灭的烟头扔在堆放在车间角落的废旧抹布堆上，引起着火，幸亏被旁边人员及时发现并及时灭火。

2019年10月31日，杨某与唐某在车间进行着自己的工作。上午十点左右，杨某与唐某把师傅安排的扩孔任务完成后，师傅便安排杨某打扫车间，因为唐某没有被师傅安排工作，便这儿走走那儿看看。过了一会儿，李某跑到师傅面前惊慌地说道："师傅，不好了，出事了！"于是大家都冲到唐某面前，只见他右手紧握着自己的左手，一言不发，唐某的大拇指被车床压掉了，师傅立马开车送唐某到医院，当时厂房一天都关闭。经后来查证，唐某本应在打磨区干活，结果好奇其他同学的工作，便私自串岗到冲床工作区，才造成悲剧的发生。

警示：唐某因随意串岗，造成拇指被压断的事故，所以在工作时，一定要遵守规定，不要随意串岗，在校实习也要遵守操作规程，学会爱惜自己的生命，做任何事情都要仔细，不要因为一时的粗心大意毁掉自己的未来。

在实习车间，由于吊车吊物、叉车运行、材料堆放杂乱等不安全因素较多，经常发生被高处物品掉落砸伤，或被设备、物品、叉车等挤伤的安全事故。例如，某省铁路中等职业学校学生张某在实习车间内遥控行车进行货物卸载过程中，被倒下的货物压倒，由于伤势过重，抢救无效死亡。

实习车间用电设备较多，某些车间线路老化、配电装置和线路布局不合理，存在较大安全隐患，极易造成安全事故。例如，某车间指导教师张某维修 CW 680 车床，需要使用照明灯。于是，电气技术员王某在安装了 220 伏临时移动照明灯后，又将火线接在灯头的螺口上，灯头没有安全防护罩。当张某移动灯头时，手触动了裸露的灯头螺口部位，造成了张某触电，经医院抢救无效死亡。

四、校外（顶岗）实习安全

每年开学季，各学校都有序进入新一学年的学习，高年级的职业学校学生也纷纷开始课外实习，为今后求职做准备。无论是在校学习，还是课外实习，家长、教师最关心的还是学生的安全问题。

全国职业院校学生实习责任保险统保示范项目联合工作小组发布的《全国职业院校学生实习责任保险工作 2019 年度报告》（简称《报告》）显示，实习学生的伤害率和死亡率不仅逐年递增，而且高于部分行业正式职工的数据。因此，学生树立安全意识、学习安全知识势在必行。

2018 年 9 月，小李在学校的统一安排下前往某汽修公司进行课外实习。因实习单位未安排住宿，所以小李每天会驾驶电动自行车往返家和实习单位。2018 年 11 月初，小李在下班返家途中不幸发生交通事故，经医治无效死亡。因小李所在学校每年均会为在校学生投保校园意外伤害保险，小李父母向该保险承保公司申请理赔，但遭到拒绝，理由为案涉事故发生于小李参加学校组织的实习活动结束后返家途中，不属于保险合同载明的"被保险人在校园内参加教育教学活动或者参加学校组织安排的校园活动时遭受意外伤害"的范围。

为此，小李父母将该保险公司告上了法庭。庭审中，原、被告双方就事故是否属于保险责任范围这一争议焦点展开了激烈辩论。

法院经审理后认为，小李是在从实习单位回家的途中发生事故，实习活动又是学校组织安排的，且小李在事故中不存在过错，故该事故属于"参加学校组织安排的校园活动时遭受意外伤害"的范围，保险公司理应按照保险合同约定承担赔偿责任。

杨某是某职校汽车维修专业的学生，毕业前夕，被学校安排到一家汽车销售公司 4S 店实习，日常工作就是在师傅的带领下对客户的汽车进行保养和维修。2015 年 4 月的一天，杨某独自在维修一辆汽车时，要求该车司机配合进行挂挡、摘挡操作，在操作过程中，车突然向前滑行，杨某躲闪不及，被车撞伤，医院诊断为左股骨粉碎性骨折，软组织损伤。

事故分析：

汽车销售公司过错。杨某虽然实习，但依然是学生。实习是学生从学校走向社会的一个不可或缺的环节，是一种直接参与企业运营过程的生产活动。因此，事故发生时对杨某的监督管理和教育的主要职责应转移至汽车销售公司，汽车销售公司除了应该积极防范企业运营过程中可能出现的危险，还应对实习人员履行教育、管理责任。

学校过错。杨某具有学生身份，实习是学校专业课程的延伸，学校仍应尽到对实习生的管理教育义务。

肇事车司机过错。汽车虽然是在维修，但作为司机，操纵汽车应该精力高度集中，肇事车司机未谨慎配合。

校外实习应注意的安全要点如下：

1）明确生产实习任务，遵守安全操作规程，严格遵守劳动纪律、工艺纪律、操作纪律和工作纪律。严格执行交接班制度、巡回检查制度，禁止脱岗，禁止与生产无关的一切活动。认真执行岗位安全操作细则。

2）与自己的实习指导人建立起良好的师生关系，服从实习指导人的工作安排，重大问题事先向实习指导人反映，共同协商解决，学生不得擅自处理。

3）严格遵守特种设备管理制度，禁止无证操作。正确使用特种设备，开机时必须注意检查，发现不安全因素应立即停止使用并挂上故障牌。

4）按章作业，做好岗位安全生产，发现隐患（特别对因泄漏而易引起火灾的危险部位）应及时处理及上报。及时清理杂物、油污及物料，切实做到安全消防通道畅通无阻。

灭火器的使用

灭火器是一种可携式灭火工具。灭火器内放置化学物品，用以扑灭火灾。灭火器是常见的防火设施之一，存放在公众场所或可能发生火灾的地方。不同种类的灭火器内装填的成分不一样，是专为不同的火灾起因而设的。常用的灭火器使用方法如图5-3所示。

1. 拿出灭火器

2. 靠近着火点，在离着火点2~3米处停下

3. 将喷嘴瞄准火源底部

4. 拉出保险销

5. 按压手柄释放灭火剂

6. 在火堆底部左右喷射灭火剂

图5-3 常用的灭火器使用方法

【活动拓展1】 了解《中华人民共和国劳动合同法》

背景材料：某公司招聘销售员，陆先生前去应聘，经洽谈协商，双方签订了一份一年期的劳动合同，合同约定，陆先生的工作岗位是销售部销售员；又约定，因公司经营需要或陆先生工作能力等原因，公司可以调动陆先生的工作岗位，陆先生对此可以提出异议。合同签订后，陆先生开始上班。不久后，公司因市场变化而调整经营范围，为此，需对营销人员结构做相应调整。经部门列出的资料分析，公司对各营销人员的工作状态做了考核，经考核排名，陆先生的工作业绩排名最后。于是，公司通知陆先生调动其工作岗位至后勤总务部门，并要求择日报到。陆先生认为公司调动其工作岗位属于变更劳动合同的行为，因未与本人协商，通知变更工作岗位不能成立，于是拒绝了公司的工作调动通知。公司多次通知陆先生去

新岗位报到无效后，就以陆先生拒不服从公司的工作安排，严重违反劳动纪律为由，根据公司员工手册的规定对陆先生做出了解除劳动合同的处理决定。陆先生不服公司做出的处理决定，认为自己与公司在劳动合同中约定了工作岗位，公司不经协商即通知调动岗位违反了法律关于劳动合同变更的有关规定。要求公司撤销解除劳动合同的决定，并恢复其原劳动关系。而公司认为公司因经营情况变化而调整人员结构，调整陆先生的工作岗位符合双方劳动合同的约定，陆先生不服从公司的安排违反了合同约定和公司规章制度，公司可以依据有关规定做出相应处理。

查阅相关资料，思考问题：

1.《中华人民共和国劳动合同法》关于劳动合同的订立和履行方面有哪些规定？

2. 公司调整陆先生的工作岗位是否存在违法行为，为什么？

3. 陆先生的主张是否合理，为什么？

【活动拓展 2】 请你宣传、请你排查、请你建言

2020 年 3 月 28 日下午，某大学附小组织学生到海洋极地馆进行社会实践活动。期间由于自动扶梯发生故障，导致学生发生踩踏。事故造成 19 人受伤，年龄从 9 岁到 12 岁不等，多数为皮外伤，软组织擦伤。某学校的学生会以此为背景开展了一次校园安全宣传教育活动。

1. 请你宣传，假如你是学生会宣传委员，请帮助同学们认识安全教育的必要性。

2. 请你排查，在活动期间，如果你参与学校安全隐患排查工作，你认为应从哪些方面排查？

3. 请你建言，你认为在今后的校园生活中应该如何增强自我保护能力？

【活动拓展 3】 社会实践方案设计大赛

请同学们根据要求参加社会实践方案设计大赛。

1. 活动主题

青春奋进新时代

2. 活动内容

1）"环保世纪行"专题活动。积极组织青年志愿者协会成员到基层参与城乡环境综合治理，围绕城乡环境综合治理"七进"（进机关、进企业、进学校、进社区、进家庭、进村社、进景区）的相关要求，开展环保知识讲座、发放宣传资料等活动，进一步提高群众的环保意识，为建设清洁、优美、舒适的新家园贡献青春力量。围绕"让天空更蔚蓝，让空气更清新，让呼吸更顺畅"的行动主题，开展活动设计。

2）"深入社会调研"专题活动。从社会、企业、人民生活等方面的具体问题入手，围绕企业改革、国民基准生活、新旧动能转换、社会热点话题等方向，坚持社会调研与专业学习相结合，与就业创业相结合，积极探索社会调研项目化推进模式，深入开展以线上调研为主，以多种渠道、多种调研方式相结合的调研形式，开展活动设计。

3）"投身劳动实践"专题活动。深入城乡社区、福利院等公共场所参加志愿服务，投身公益劳动。引导学生参加当地生产性劳动和服务性劳动，以专业知识与技术创造性地解决实际问题，以增强劳动意识，积累职业经验，提升就业创业能力等方面开展活动设计。

4）"携手爱国行"专题活动。引导学生参观网上纪念馆、展览馆、博物馆等，弘扬各类爱国奋斗精神，强化责任担当；动员学生围绕改革开放前沿、经济发展一线，开展线上调研考察和咨询服务，深入了解国情，坚定爱国追求；系统梳理中华优秀传统文化资源，推动资源合理利用；结合自身实际，积极投身各项爱国行动，开展活动设计。

各团队可根据学校社会实践专题活动方向，自主设计社会实践方案，也可结合实际，自行确立具有实践意义、操作可行的社会实践专题开展活动设计。

3. 活动流程

1）报名方式。报名团队的所有成员需要填写报名表，提交至教师邮箱。

2）作品提交。参赛的团队可就某项专题将社会实践方案设计提交至任课教师的邮箱。每个团队需要提交策划书和申报表各一份，并以"团队名称+负责人姓名"命名。

4. 注意事项

1）鼓励参赛团队结合各专题活动方向，重点围绕活动内容开展社会实践方案设计。鼓励各参赛团队积极开展线上实践模式的创新与探索。

2）参赛团队人数：3~12人，跨学院、跨年级、跨专业的学生可共同组建团队参与比赛。

3）社会实践策划书要完整全面，内容详略得当，重点突出。参赛作品应为原创，严格控制抄录比例，否则将取消资格。

参考文献

［1］侯兴传，王持栋. 劳模精神员工读本［M］.北京：中国言实出版社，2011.
［2］大国工匠与劳动模范研究所.新时代　新工匠：工匠精神职工读本［M］.北京：中国工人出版社，2017.